別傻了 這才是 靜岡

茶鄉・炒麵・表富士・旅館數量No.1……49個不為人知的潛規則

都會生活研究專案——著
許郁文——譯

Shizuoka
靜岡ルール

序言

「讓人不會焦慮的地方」。

若要以一句話形容靜岡，應該就是這句話吧。或許是年平均氣溫十六度的溫暖氣候，讓居民的生活步調變得悠哉。在這裡，完全感受不到東京空氣裡的緊繃感，也難以體會北國氣候所帶來的嚴峻。也或許是因為位於關東與關西的中間點，所以常被揶揄「沒什麼特色」、「靜岡？除了茶、橘子、足球與富士山，其他還有什麼嗎？」，雖然靜岡常被如此誤會，但可不能就此小看靜岡！看似悠閒，但其實隱藏著多元的個性。

靜岡除了擁有引以為傲的世界級高峰，還擁有孕育超過一千種魚種、日本最深海灣——駿河灣，以及靜岡縣西部遠州灘的天然虎豚與濱名湖的鱉等高級食材。以富士山與南阿爾卑斯山伏流水釀製的高級日本酒（又被稱為吟釀王國）也有十分齊全的品項。此外，雖然現今已多將生產線外移至國外，但是鈴木與山葉這些名聞遐邇的製造商仍集中於濱松市。中部的靜岡市也是世界注目的塑膠模型大國。此外，東部除了製紙業（衛生紙產量全日本第一），醫療產業（醫療用品、醫療機器合併生產額全日第一　厚生勞動省　二〇一二年統計）的勢力也逐漸擴大中。

基於上述背景，再加上日本第一的產茶量與鮪魚漁獲量、製造品出貨量全日本第四（經濟產業省 二〇一二年），縣民的平均所得也來到了全日本第三名（總務省 二〇一〇年度統計），失業率也是倒數第四名（總務省 二〇一二年平均）！

不過，或許是過於得天獨厚，住在這裡的人們也不太懂得「宣傳自己」，有些地區還常被揶揄「競爭意識薄弱」或「故步自封」……。不對，就算看似如此仍保有「不焦慮的內心」才是靜岡這塊土地的風格。

「不焦慮」也可說是「從容」，靜岡是一塊夾在東京、名古屋、大阪之間，需要單獨討論的地方。「將主舞台交給東京，其餘就以原創性突顯自我」——在直擊靜岡魅力的《d design travel SHIZUOKA》書中就以上述這句話形容這塊「不焦慮的土地」。也正因為長期挾在關東與關西之間，所以每個地區都有不同的文化與生活習慣，這也造就了靜岡的特殊性！沒想到，靜岡是個性如此鮮明的角色啊？

算了，這種來自外地的聲音就如馬耳東風，在地人還是會照著自己的節奏過生活。本書也將順著這股節奏，步調緩～慢地介紹這塊土地的潛規則。由衷盼望本書可以成為外地人想要了解靜岡縣的多元性以及靜岡人的工具。

都會生活研究專案代表　大澤玲子

目錄 別傻了 這才是靜岡

交通篇

購物篇

食物篇

街道篇

Shizuoka Rules

詞彙・人際關係篇

Shizuoka Rules

生活種種篇

Shizuoka Rules

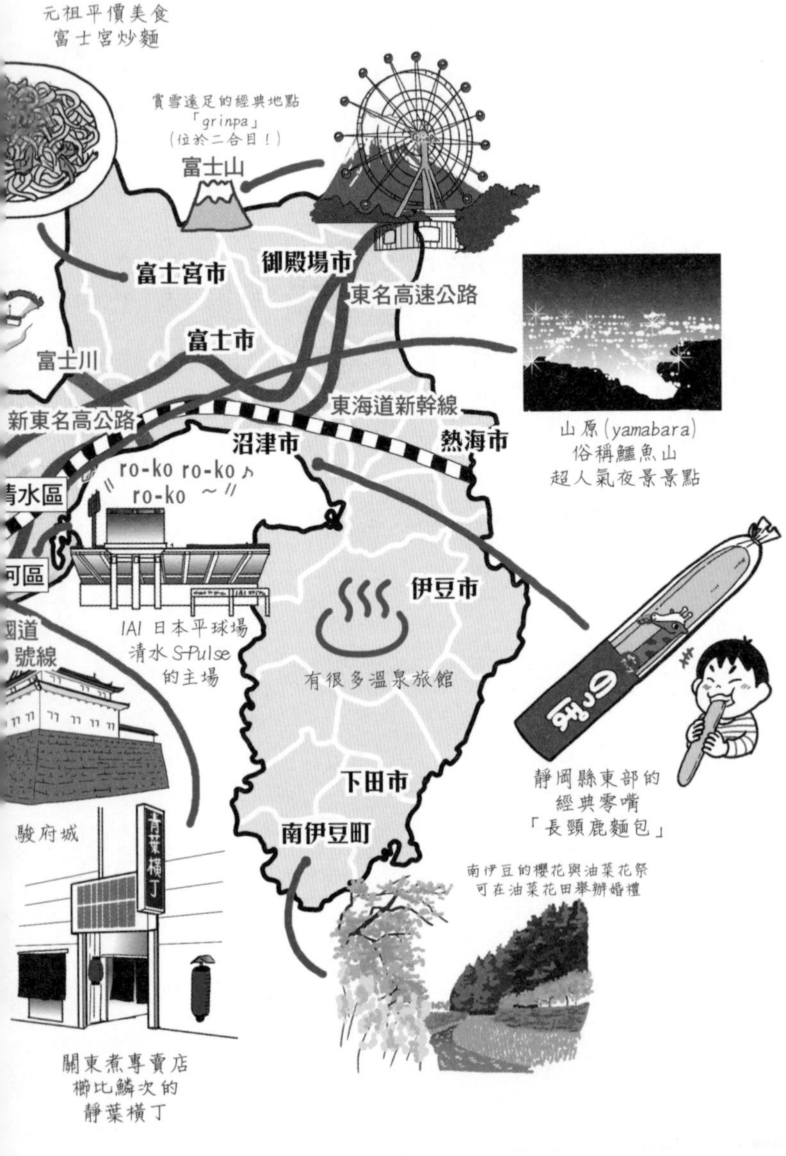

元祖平價美食
富士宮炒麵
賞雪遠足的經典地點
「grinpa」
（位於二合目！）
富士山
富士宮市
御殿場市
東名高速公路
富士市
富士川
新東名高公路
東海道新幹線
沼津市
熱海市
山原（yamabara）
俗稱鱷魚山
超人氣夜景景點
ro-ko ro-ko ♪
ro-ko ～
IAI 日本平球場
清水 S-Pulse
的主場
伊豆市
有很多溫泉旅館
靜岡縣東部的
經典零嘴
「長頸鹿麵包」
下田市
南伊豆町
駿府城
青葉横丁
南伊豆的櫻花與油菜花祭
可在油菜花田舉辦婚禮
關東煮專賣店
櫛比鱗次的
靜葉橫丁

盡享極樂的
日常生活地圖
靜岡
MAP
製造業傳承館
HONDA
本田汽車創業者
已故的本田宗一郎先生根據地
濱名湖
可抓鰻魚與
挖掘貝類
魚河岸T恤
很有人氣！(燒津)
大井川鐵道
SL奔馳在
千頭～新金谷站
葵區
River well
井川滑雪場
在靜岡也能滑雪
大井川
靜岡市
國道1號線
藤枝市
燒津市
牧之原市
天龍區
濱松市
磐田市
Jubilo
YAMAHA STADIUM
在中田島砂丘
舉辦的濱松祭
山葉球場
磐田 Jubilo 的主場
日本第一茶鄉

Shizuoka Rules

交通篇

購物篇

食物篇

街道篇

詞彙.人際關係篇

生活百匯篇

潛規則1

明明新幹線的停靠站數是日本屬一屬二！NOZOMI號卻過站不停……

各位知道靜岡有個被譽為「新幹線」的小鎮嗎？

該鎮就是位於東部的「函南町」。當年在興建東海道新幹線的時候，為了開通艱困路段的「新丹那隧道」，有許多工人就住在附近，函南町也因此形成。雖然在目前的行政區域上，這裡被稱為函南町上澤，但境內還留有許多舊地名，例如「幹線下」、「幹線上」的公車站以及名為「新幹線公民館」等設施。

靜岡對於新幹線的誕生有著莫大貢獻，而且東海道山陽新幹線位於縣內的站數居然高達六個，在數量上絕對是日本第一，即便將範圍放大至所有新幹線，也僅次於山形的十站與岩手的八站，堂堂名列第三名。若是摒除迷你新幹線的山形，境內站數可說是實質的第二名。這一切都拜全縣東西距離長達一五五公里的橫～長地形之賜，而海岸線的長度相當於東京到京都之間的五〇〇公里！其實在江戶時代，東海的五十三個驛站近半數都位於靜岡縣內，讓靜岡縣得以發展為陸上交通要衢，但美中不足的是，新幹線「NOZOMI號」卻連政令指定都市的靜岡市、濱松市都過站不停……。

過去縣知事曾開玩笑說：「要是NOZOMI號再過站不停，就跟它收過路費」，這也是當地居民常拿來自嘲的話題之一……但當地居民只是假裝困擾，其實根本就沒那麼在意!?因為搭乘「HIKARI號」，從東京到靜岡也只需要一個小時。而從三島市附近前往東京上班也只需要四十五分鐘，這段通勤距離可說是完全合理，而且有可能還比從東京的衛星都市埼玉前往東京上班的「埼玉都民」來得方便許多。

沒錯，靜岡就橫躺在日本的正中央，前往西側名古屋或大阪的交通也很方便，所以才能過著不需焦慮且沒有計劃的生活。

二〇一四年動工，預定二〇二七年開通的線性中央新幹線也只會掠過靜岡縣北部的局部地區，但是，日本如此狹窄，何必急著趕去哪裡呢？設置中間站的鄰縣山梨也急切地渴望線性中央新幹線可能帶來的經濟效益，但是靜岡人對於新幹線這件事保持著富士山被選為世界文化遺產時那不慌張、不騷動的態度……難道說，如此從容不迫正是靜岡風格？

順帶一提，其實新幹線並未穿過開頭介紹的「新幹線」小鎮……咻的一聲穿過靜岡的各位讀者，可得對「住在新幹線」的有功居民致上感謝之意喔！

我叫岡雪江 來自東京
這是在靜岡念大學時
與同年級男友（靜岡人）
的約會故事
靜岡是東西橫長的地形
要不要搭乘東海道線
來趟由東往西之旅咧？
也有很好吃的
火車便當喔！
鐵道迷
咦？
火車便當！
三島
是鰻魚耶！
《桃中軒》
清流鰻魚便當
三島的鰻魚
也很有名喲
咦
月台的立食
蕎麥店？
沼津
飲物
桃中軒
生そば
《桃中軒》
這個「三島可樂餅
炒麵」可是相當好
吃的喲！
三島可樂餅炒麵
靜岡
鯛魚肉燥鹹鹹甜甜
味道真是絕妙！
《東海軒》
元祖鯛魚飯
三明治
三明治的包裝
也很可愛
濱松
《自笑亭》
濱松鰻魚飯
鰻魚多到看不到白飯了！
說到濱松
當然就要吃鰻魚
啊！
也有極・富士宮
炒麵便當！
要不要回頭去買？
去富士宮車站買～
〈富陽軒〉極・富士宮炒麵便當
鐵路便當
指南
咦？難
不成還
要繼續
吃啊？
嘔～

潛規則2

新東名的休息站人氣持續上升中！

Shizuoka Rules

逛完United Arrows等人氣品牌後，還能欣賞鮪魚解剖秀以及在市集滿足逛街的慾望。若是有點餓，可以吃吃靜岡美食，或也可以在彷如公主房間的豪華廁所&補妝室稍微休息一下……。上述的一切全都可以在新東名高速公路的SA（休息站）、PA（停車區）體驗！

東名高速公路曾被譽為「日本大動脈」，而在作為替代道路的交流道計劃提出之後，經過二十年以上的漫長歲月，御殿場市到三日町之間的新東名高速公路總算在二〇一二年四月通車，這讓每年平均塞車超過二百次（！）的東名高速公路也得以疏緩（塞車距離長達十公里），而東名與新東名的合計塞車次數也減少了超過九成（新東名〈靜岡縣〉影響調整會議的資料）。由於這是一條穿梭於山裡的高速公路，所以也減少了因為巨浪導致道路停止通行的風險！用路人也覺得「路很筆直，很好開」。雖然離市內有段距離，但是就御殿場市到三日町的距離而言，新東名比東名少十公里，也因為這項方便，新東名周邊也開始有物流相關企業進駐。

其中最值得一提的就是開頭提到的SA與PA豪華設施，而且從一般的道路就能進出，導致在地居民爭相前往，也引起休息區大塞車（居然不是高速公路塞車？）的現象。話說回來，來自外縣市的人原本只為了上廁所而進來休息站，沒想到錢包也在不知不覺中大失血……搭乘新幹線經過也就算了，若是要從高速公路經過，可記得把錢包闔緊一點！或許這種看似低調，卻若無其事展現厲害的一面，也是靜岡特有的風格吧！

潛規則3

國道150號稱為「草莓線」&國道1號稱為「國一（KOKUICHI）」

Shizuoka Rules

沿著靜岡市駿河灣海岸蜿蜒的國道150號線[1]，每到冬天，都有必看的風景。草莓形狀的氣球在空中轉圈，忘我地採著草莓的女性們，就是那俗稱草莓女孩（只是年齡層分佈得很廣啦……）的模樣。

國道150號是連結靜岡市清水區與濱松市的東西要道，從清水區到駿河區之間的這段路旁，到處都是草莓園與草莓觀光休閒農場，所以這條國道又被暱稱為「草莓線」，觀光客與在地人都常驅車前往一遊。順道一提，這地區最早是從明治時代開始種植草莓，而在斜坡上堆出一層層的石頭，利用石頭吸收的熱能種植草莓的石垣栽培是最大特徵之一。這附近的山上除了有德川家康長眠的久能山東照宮，還有綿連不絕的草莓溫室，而這些都與茶田一樣是靜岡的名產。

此外，與150號線分頭並行，也是縣內東西要道之一的國道1號則被當地人稱為國一（KOKUICHI）。這條路線位於新東名快速道路與150號之間，沿線有許多餐廳與大型賣場，所以在地人的對話之中常會出現「國一沿線的○○」、「一直沿著國一走，遇到△△之後再轉彎」的內容，如果要跟上在地人的談話，建議大家先了解一下這些路線的相對位置。

草莓季告一段落之後，在三月底～六月初之間，國一線往東方向的由比漁港相當熱鬧。這裡是櫻花蝦的產地，而漁獲解禁期只有春季與秋季兩次。其實在日本國內擁有櫻花蝦捕撈權的地區只有由比以及周邊的蒲原大井川地區。最近因平價的台灣產櫻花蝦進入日本國內競爭，也導致這些地區的櫻花蝦漁獲量略為減少，但若是想吃到新鮮現撈的櫻花蝦，就非得來到靜岡(中部)不可。每年五月三日這裡都會舉辦「由比櫻花蝦祭」，只可惜二〇一四年因為漁獲量實在太低導致該年停辦。

除了潛規則2提到的新東名高速公路之外，靜岡縣內也興建了另外的道路，例如於二〇一四年二月開通的東駿河灣環狀道路讓中部與西部到伊豆市的交通更為方便，也讓中部與西部的居民不再覺得伊豆是「遙遠的觀光地」。

其他還有預定於二〇一七年開通的中部橫斷高速公路與二〇一八年開通的三遠南信高速公路，這兩條省道連結了靜岡、濱松與長野，也讓南北的移動變得更為輕鬆。姑且不論公共交通變得如何，縣內的交通會因此變得暢通嗎？(潛規則32)。

基於上述理由，若住在靜岡縣卻沒有車子代步，就不能去漁港吃美味的海鮮，也沒辦法嘗到新鮮的草莓！所以在這習於以車代步的地方，有台車是必要的，所以也得好好了解道路的分佈情況喔！

我叫岡雪江
來自東京
大學畢業後，與男朋友結婚，成為靜岡人！
今天要去「採草莓」
你看，那裡看起來很棒耶！
來喔來喔！
真的耶～
那邊看起來也很棒～
歡迎光臨！
請進～
我們快點進去吧！
啊～對面那邊也有耶～
歡迎光臨～～
……
真是的！
你給我看著前面開車！
到哪裡不都一樣嘛！
你的目的到底是草莓還是草莓女孩？
哎呀呀
不急慢慢來嘛～

潛規則4

高中生上學就騎自行車！

每到早晨通勤時段，於靜岡處處湧現的不是汽車車潮，而是自行車車潮。以車代步的靜岡其實是隱性的自行車王國。靜岡市約有八成的高中生是騎自行車上學。上班族約有兩成（靜岡市二〇〇八年調查）。根據「自行車站的都道府分布與自行車消費年均支出額」調查（二〇一二年NTT黃頁廣告調查），西部的濱松市民購買自行車的平均金額高達五千二百七十二日圓，約是日本平均值的兩倍，也是日本第一的消費金額！如此高的消費金額或許是因為濱松市屬於工業地區，許多人習慣在工廠內部以自行車代步，除此之外，還有許多小孩願意頂著濱松市的知名強風「乾風」，「努力騎著自行車上學」。在這裡，其他非JR的民營鐵路都不是那麼方便，所以除了搭乘公車，「最方便短程移動的交通工具就非自行車莫屬了」。

不過近年來，自行車交通事故頻傳，光是靜岡市內，就有四分之一的自行車事故是由高中生造成，即便將範圍放大至全縣，發生機率也是屬一屬二。縣政府方面為此公佈了「高中生自行車通學危險路段MAP」，也於靜清交流道設置了日本首處自行車專用通行路段，希望將靜岡打造成方便自行車通行的地區。事實上，靜岡縣擁有全日本最長的自行車專用道，其長約有六十一公里（太平洋沿岸自行車專用道的一部分），之所以如此，據說是幕末大政奉還[2]後移居至靜岡的德川慶喜很喜歡騎自行車的緣故，看來這裡與自行車的淵源頗為深厚！

以自行車代步時，請記得像靜岡人一樣抱著悠哉的心情，以安全第一的態度上路喔！

潛規則5

「鐵道迷」的聖地？

Shizuoka Rules

「不開車就寸步難行！」常聽到有人如此形容靜岡機場附近的交通，當地人喜歡稱為富士山靜岡機場。離機場最近的是JR金谷站，一到週末，非靜岡縣的人潮就紛紛湧入……。

金谷站是被譽為「動態鐵道博物館」的大井川鐵道的起點，十分受到鐵道迷的歡迎！截至目前為止，每天仍有一班SL蒸汽火車於新金谷站、千頭站之間往返（大井川本線。在冬季的淡季期間有時會取消班次），而且也在日本唯一的齒軌式鐵道（井川線。在鐵軌之中佈設一條齒軌，讓火車藉著這條齒軌爬上斜坡）上奔馳。

散發昭和懷舊氣息的車站以及與被稱為SL大叔&大嬸的車掌交流，都讓乘客的內心無比溫暖。加上廣大的茶田景色，成為了感受「人情溫暖的靜岡」絕佳景點。以SL為主軸的觀光事業，定期搭乘的人次日漸減少，於是當地政府透過「SL婚禮套裝行程」以及於二〇一四年夏天在火車上播放兒童節目「湯瑪士小火車」的活動，引起新的觀光熱潮。

將視線移到西部的濱松市，則可看到鐵道迷必訪的「祕境站」、JR飯田線的小和田站，濱松站還有包辦新幹線整修作業的工廠（東海旅客鐵道濱松工廠。二戰前為鐵道院濱松工廠）。沒錯，濱松就是一處隱性的「鐵道小鎮」！西部的名門企業遠鐵巴士行經的濱松站公車等候處也設計成在日本罕見的圓形。

由於非常方便轉乘，所以各地的公車公司也常來參觀與視察。

開頭提及的機場也有讓人驚喜的事物。在地知名物流公司「鈴與」設立的「富士之夢航空公司（FDA）」與足以代表靜岡塑膠模型王國的世界知名模型製造商TAMIYA合作（潛規則26），一同生產與銷售原創的飛機模型，也生產茶綠色的機型，而機艙內服務也提供靜岡茶與靜岡茶葉製作的糖果，可說是驚喜連連。

靜岡機場歷經當時的知事辭職等波折後得以開港，目前正努力克服景氣下滑的問題，也企圖挽回震災之後的評價，而縣政府方面則在二〇一七年底之前繼續改建航廈，並且為新增的航線招攬遊客。

眼前的問題就是開頭提到的交通。有些人希望在機場的鄰近地區設立新幹線車站，但目前正與JR談判中。對當地的開車族而言，停車空位高達兩千處的停車場的確方便，但東部的人應該會覺得「羽田機場比較方便」，而西部人則會想「前往名古屋機場搭機」吧……。

盡管如此，拜富士山之賜，被認定為世界文化遺產後，將有更多機會吸引外國遊客！說不定可效法「YAKISOBA[3] Express」（往返東京—富士宮之間的高速公路巴士。以富士宮炒麵命名），安排一條機場直達富士山的觀光巴士看看！

Shizuoka Rules

交通篇

購物篇

食物篇

街道篇

詞彙．人際關係篇

生活百匯篇

潛規則6

購物就要去「(御)町」晃晃(中部)

「去町上走走」、「到町上晃晃」、「去御町那裡看看」——若問靜岡市民都如何度過週末，大概都會得到這類回答。

此時若是反問：「是哪個町？」、「是町的哪裡」？可就是出盡洋相的外行人了。靜岡人口中的「町」指的是從靜岡站到本通、御幸通、昭和通之間的區塊，其面積約五百平方公尺，機能卻是一應俱全，只要來這裡，大概就能解決所有生活大小事，而這就是所謂的「町生活風格」。大部分地區的都市中心街區都有逐漸空洞化的問題，而生活所需的基礎建設也過於集中。

主要的街道就是從今川統治此地開始，到成為駿府本町而繁榮的吳服町。德川家康君臨駿府之後，利用吳服町鄰接東海道的地利，讓吳服町成為最熱鬧的中心街道，直到現代，這條街上仍有江戶時代才有的生活用具，如以髮簪、扁擔造型設計成的長椅，以及行燈造型的街燈，而全日本連鎖的咖啡廳與家康御用老店也於此處新舊並陳。

相對於作為白天代表的吳服町，兩替町則是夜晚的代表。在靜岡說「我去兩替町一下」等於是說「我要去喝酒」，這裡因為家康的緣故，比東京的銀座更早成為「銀座」（由江戶幕府直轄的鑄幣發行所），也是兩替商（銀行）林立的場所（順帶一提，日本第一處銀座是在京都的伏見）。與兩替町齊名的鬧區就屬玄南通沿線。而假日若是有空，前往總有活動的青葉通準沒錯！

不過，購物大樓「新靜岡Center」(簡稱Center。位於地下樓層的麥當勞過去是經典的約見地點)已成為「新靜岡Cenova」，市內的電影院也集中在九樓的電影城裡，可見街上的勢力範圍也有所變動。如今三十至四十幾歲的人在高中時代最常去的就是「Cherry Beans」(俗稱Cherry B，其調味濃厚的薯條最具人氣)這家漢堡老店。而與之齊名的「Hug Coffee」等在地人氣咖啡廳也已誕生。位於Cenova一帶的鷹匠地區原本是侍奉家康的鷹匠所居住的武家宅院大街，但如今已被暱稱為「靜岡的代官山 or 自由之丘」。雜貨店與餐飲店林立的時尚景點也持續變化中。

相對於受到銀髮族強力支持的松坂屋與伊勢丹(前為田中屋伊勢丹)百貨公司，從Cenova到有109的欅木通附近，則有許多年輕女孩的身影，看來，逛街的區域也隨著世代&時代位移中，然而「步行就能逛完整個區域」、「晚上女孩子單身一人在這裡也沒問題」這種恰到好處的規模與安心感仍然不變。

順帶一提，靜岡人的步行速度略比東京人緩慢，悠哉的氣質與特有的時間概念也曾經衍生出「靜岡時間」這個字眼。「很久沒從東京回靜岡了，覺得街上的人好像都靜止不動(笑)」這類笑話也時有所聞，要是在這裡走得太急，說不定會不小心撞到人！建議大家配合周遭的速度走路，偶爾也可坐在長椅上休息一下，或停下腳步，欣賞青葉通的活動以及伊勢丹門前的街頭表演，總之悠哉地在「町內晃晃」，才是在這裡最正確的生活方式喔。

*Cherry B=Cherry Beans　請參考右頁內容。

潛規則7

電影院從七間町移出有點遺憾（中部）

Shizuoka Rules

「看完電影順便去伊勢丹附近的扇子屋（Parlor）吃鬆餅，實在是很快樂的時光」、「精品店之外，石板舖地的街道也好有氣氛」，這些是來自有一定年紀的靜岡人，對於七間町深深懷念的形容。早期這裡被視為舞台劇、歌舞伎表演與電影院叢聚的區域，也是背負靜岡文化重責的地區。其實源自靜岡的甜點店「Qu'il Fait Bon」也是先於七間町（現稱兩替町）開幕。鞋子專賣店「Regal Shoes」的七間町店擁有全日本第三久的歷史，賣場面積則為全日本第一！如之前出現過類似「銀BURA」的「七BURA[4]」一樣，這裡曾經是走在流行前端的區域。

正如潛規則6所提及的，二〇一一年，七間町的電影院除了靜岡東寶會館之外，全數皆移至「新靜岡Cenova」的「Cinecity Zart」，一時間繁華落盡。不過，這裡可是在靜岡中央商店街中，堪稱歷史最悠久的七間町。現在正打算在電影院舊址推動小鎮振興計劃（atosaki7）。除了實施宛若街頭藝人之町（潛規則42）的夜間表演，也會配合坎城影展舉辦電影活動（靜岡市與坎城為姐妹市），藉此持續推動小鎮的復興。

此外，二〇一四年吳服町的伊勢丹附近也設立了「吳服町「Tower」這座複合設施，或許能為七間町帶來良好的影響。靜岡人雖然喜歡新鮮的事物，但是對傳統的事物仍然念念不忘，所以才在「Cinecity Zart」掛上七間町的懷舊照片。讓我們一起關注後續的變化吧。

潛規則8

便利商店與全日本連鎖店的進駐速度很慢

Shizuoka Rules

「大學時代沒有便利商店，所以都去天神屋買御飯糰」、「都在家庭式餐廳打工？」、「就算是這樣，連鎖居酒屋也來得太慢了吧」——令人意外的是，這居然是年輕一輩與三十歲以上的靜岡人曾共享過的「飢餓感」。

不管是大型超市、連鎖店、便利商店，進駐靜岡市的時間都比其他地方來得遲。比方說，一九七七年Ito Yokado宣佈來靜岡開店時，就因大店法[5]而爆發了反對運動。歷經十年左右的抗爭後，最後該店決定縮小規模。就連便利商店進駐此地時，市政府也發佈規範，禁止便利商店二十四小時營業，但也有部份居民認為「靜岡太過保守」、「有點封閉」就是了……但當地至今還能保留町生活風格，或許也是多虧了這種略顯保守的氣質。谷島屋（創業地點為濱松）、戶田書店、江崎書店這些在地書店至今仍能存活，在地區都市之中也算是罕見的例子。

再者，靜岡曾因身為交通要衢的東海道中繼站而繁榮，所以也有喜歡新鮮事物的特質。靜岡市最大的商業設施「MARK IS」（由相川鐵工前總工廠舊址改建）於二〇一三年四月誕生之際，也因H&M、Krispy Kreme甜甜圈進駐的話題，造成需要排隊數小時的人潮……。只不過，如今已人潮不再，看來靜岡人也有「熱潮易退的一面」吧!?雖說念舊，但也有趕流行與冷靜的一面，從這種矛盾或許更能一窺這地的特色吧。

潛規則9

購物中心激戰區！（濱松）

Shizuoka Rules

相較於大型店鋪進駐較慢的靜岡市（潛規則8），靜岡縣已有規模最大的AEON Mall濱松志都呂以及AEON Mall濱松市野、UNY系列的Plehawalk濱北、西友系列的Sun Street濱北進駐，而且連鄰近的磐田都有LaLaport磐田入駐，而成為購物中心激戰區的是西部之霸濱松。濱松市之所以成為一方之霸，或許是因為這裡原是縣內首屈一指的工業地區（潛規則27），工廠舊址留下了可資利用的廣大土地所影響，但也有人認為是因為「停車場可免費停車，所以從早到晚都待在這裡」，只不過也有一些聲音認為「郊外蓋了購物中心後，街區的人潮就相對少了」、「過去的榮景不再，教人覺得有些冷清」。

在位居交通心臟地帶的濱松站下車後，與車站共構的May-One、遠鐵百貨、靜岡縣內最高建築物的ActCity濱松以及環繞在車站周圍的大樓，都一再彰顯靜岡縣的都市感，但在地人總是會說：「有很多事物已消逝無蹤……」。

過去，濱松站前有丸井、西武、Ito Yokado以及在地百貨公司松菱，尤其許多濱松人幼時回憶都與第一間百貨公司松菱的誕生有關，例如「小時候在屋頂的遊樂園玩，在那裡吃冰淇淋真的好快樂啊」、「曾被帶去隔壁的Yamataka玩具店買玩具」、「秋芳堂的松菱甜饅頭有著令人懷念的滋味」（現在該店改以蜂蜜蛋糕甜饅頭這個名稱銷售），不過，在泡沫經濟瓦解後，除了遠鐵百貨，其他不是撤出就是倒閉，即便是在西武撤出之後才蓋的ZaZaCity濱松、原本該成為核心店鋪的松菱也禁不住壓力而倒閉……。過去常可見到穿著泡泡襪的辣妹大步走在這條購物街，如今連Sago也變成停車場了。

不過，在靜岡縣之中，最有行動力也最不服輸的就是濱松。民營小町再造公司「濱松町重拾熱鬧協議會」打出「自己的小町自己救」的口號，試著輔助町民在空店鋪開店或是創業，也舉辦了雜貨市場「Marutama市」，藉此持續宣傳這裡的街區與郊外的購物中心有著不同的魅力。

此外，靜岡市民普遍認為對靜岡最有競爭意識的就是清水區。一如之前提過靜岡的「銀座(兩替町)」，但對清水居民而言，「銀座」與「銀BURA」指的是「清水銀座」&「站前銀座」。清水雖同在靜岡市內，但原本他也是獨立的一個市(潛規則23)。同一個地方的人浮現在腦海裡的是不同的「町」，這也是靜岡才有的特色。

順帶一提，清水的人潮雖然往S-Pulse Dream Plaza(doripura)與AEON(清水店)擴散，但「站前銀座」過去是仲村亨、清水宏次朗主演的名作《BE-BOP-HIGHSCHOOL》(以不良少年為主的電影)外景地，真不愧是「海道第一老大」清水次郎長的出生地!?基於上述背景，四十歲左右的清水人觀賞這部電影之後，總會不自覺地回想起過去那段酸酸甜甜的青春以及令人憐愛的不良少年，還有清水町過去的榮景……等種種過往。

連結新靜岡站與新清水站的電車稱為「靜岡鐵道」，俗稱「靜鐵」
屬於兩輛車廂連結的電車
不過……
電影《BE-BOP-HIGHSCHOOL》曾在「靜鐵」拍攝
看我的——!!
你這混蛋——!!
車廂內大亂鬥的場景……
以及乘客從打開的門掉入河裡的場景
哇~
所以這部在現代不可能實現的超級動作片已在死忠的影迷之間成為傳說
如今仍是過去稍微混過的靜岡男性之間的話題
是從這裡掉下去的啊!
好厲害啊
居然沒死耶!
咚
咚

潛規則10

要大買特買就會不由自主地去東京或橫濱（東部）

Shizuoka Rules

「念高中的時候，為了省交通費，常搭小田急線慢慢坐到新宿」、「橫濱就像是自家後院一樣」，住在靜岡東部的人，雖然身在靜岡，但其實「活動範圍偏向關東」。儘管被濱松人揶揄「整個靜岡縣東部都被東京汙染了（笑）」，不過他們在第一次去東京前，還是會先去「沼津獻出都市初體驗」，這也是東部小孩們的共通回憶。

東部居民的目的地是西武百貨（外縣市第一家西武百貨）與丸井，以及仲見世商店街、站前名店街。不過，在二〇〇四年丸井與二〇一三年西武退出市場後，商店街也遭受池魚之殃，人潮紛紛往「Sun to Moon柿田川」移動。西武舊址與沼津站南側出口一帶正在重新開發中，商店街也因年輕的商家（沼津小鎮彩生研究會）而恢復活力，而今後值得多注意的是車站北側出口的大型會議設施「Plaza Verde」的誕生。希望縣東部能就醫療相關企業較多的這項優勢，讓更多學會、會議與展覽來到這裡舉辦（希望車站北側出口與南側出口的交通量也能藉此提昇……）！

順帶一提，靜岡街上到處都是連鎖藥局，而且東、中、西部（潛規則22）的分佈還各有不同，靜岡縣中部較多的是Winder Land（高田藥局）。這家藥局的名字聽起來很像遊樂園，不過名符其實的活潑外觀是其最大的特徵，所以靜岡人不僅會在錢包放靜銀（靜岡銀行）的金融卡，也會放一張可愛的Winder Land卡！

東部的主要藥局為Hac Drug（也有人以合併前的店名kimisawa稱呼）。稱霸西部的杏林堂甚至還提供食品，也如煎餃消費量位居日本前段班的濱松一樣，銷售自製的冷凍煎餃「真正美味的餃子濱松」（曾被「笑笑又何妨」的節目介紹過！）。

除了上述的連鎖藥局之外，每個地區的主要超市也都不同，例如中部是靜鐵商店，西部是遠鐵商店，而東部的是食品商店AOKI，但這三家連鎖超商都擁有「生鮮商品的品質不錯，但感覺上有點高貴」的印象。有在東京豐洲展店的AOKI似乎將「成城石井」這個高級超市當成目標（「AOKI」的自製煎餃也很受歡迎！）。

同樣於沼津發跡的「MAKIYA」則在併購「HINOYA」之後，開始推出業務取向超市與二手商品回收店。聲勢浩大的望月巖超市曾在中部造成話題，卻在二〇一三年初宣佈倒閉，過去這家超市常以驚人的策略掀起話題，例如曾經推出雞蛋一盒五日圓的超優惠商品吸引買氣，也是縣內第一家採用二十四小時營業的超市，甚至送每位新進員工鈴木低排氣量汽車當禮物。望月巖超市倒閉後，縣外的超市紛紛趁虛而入，舉凡「FOOD MARKET Mom」、「田子重」以及源自靜岡的日本連鎖超市「八百半」（現為MaxValu東海）與將總公司設在歧阜的「Valor」（食鮮館Taiyo也是Valor旗下的事業）都陸續加入戰場。

雖然時代不斷變遷，但有許多西部與東部的居民還是會說：「靜岡市？只有社團參賽時去過啦，買東西才不會去靜岡市」，看來這點沒有隨著時代而有所動搖的樣子……。

Shizuoka Rules

交通篇

購物篇

食物篇

街道篇

詞彙．人際關係篇

生活百匯篇

潛規則11

放學&游泳之後的回家途中，一定要吃關東煮！

「下班不去關東煮店喝一杯」而是「社團活動或是游泳結束後，去吃一串關東煮（？）」。只有中部靜岡人會有這種道地的共同經驗。近年來平價美食的人氣逐漸高漲，再加上麒麟啤酒廣告強力放送（麒麟啤酒的前社長加藤壹康於靜岡出生），使得關東煮蔚為風潮。靜岡關東煮的歷史相當久遠，甚至可回溯到大正時代。在靜岡人心目中，關東煮就是「從小就有的食物」，若想更了解這些從小接受關東煮品味菁英教育的他們，就必須先熟悉五項條例。

第一條是會放「黑魚板」。詳情會在潛規則12解說，不過在靜岡縣中部提到魚板，就一定是黑色的。如果說的是白白軟軟的魚板，就一定會說「白魚板」。

第二條是「湯頭也是黑色的」。以牛筋或豬內臟熬出高湯，再以醬油調味是基本的做法。乍看之下，湯色雖然黑得嚇人，但不用擔心，味道其實非常溫和。越來越多人的家裡是使用「普通的高湯」，不過接下來要介紹的老店「靜岡關東煮Ogawa」就只使用牛筋與醬油製作湯頭，連砂糖、酒都不放，而且每家關東煮店也都有自己堅持的風味。

第三條是「食材會刺成一串」。這也是章節開頭之所以會寫「一串」的原因，而且會根據吃了幾串來結帳。每家店串食材的方法各有祕訣，有的店家會在馬鈴薯串的最後串上蒟蒻避免馬鈴薯滑落，有的則是在串好的關東煮外面纏上一圈圈的蒟蒻絲，簡直就是一件藝術品！

第四條則是會撒「青海苔與高湯粉」。與潛規則19介紹的「富士宮炒麵」作法相同。而靜岡的沙丁魚與鰹魚漁獲豐富，也有許多製作柴魚片的工廠（靜岡的柴魚片產量為日本第一！）。順帶一提，最常使用的是濱名湖產的青海苔（佔全日本青海苔產量的百分之十）。

接著，也就是最後的第五條，關東煮不僅可在居酒屋吃到，也可以在「零嘴店」吃到。這與剛剛提到的關東煮品味菁英教育也有關係，不過，靜岡的關東煮店有兩種類型。一種是小時候常去，每個學校附近都有的零嘴店。直到現在，市中心也還有許多這類型的老店存在，例如剛剛提到的「Ogawa」、「水野商店」、「大燒芋」（也可以吃得到烤蕃薯！）、「kadoya滝浪商店」（俗稱kadoya。靜岡高中生最愛的店）、一大早就開始營業的「御飯糰的Maruyama」。燒津市則有「秋山商店」，而清水區有三保的「松見屋」。然而靜岡人共有的夏季回憶就是在大濱公園游泳池的休息區吃關東煮。先以關東煮溫暖在游泳池裡泡到發冷的身體，然後再吃刨冰降溫，絕對是一連串的奢侈（？）享受，而這也是這裡才有的特色。

另一種居酒屋類型的關東煮店則以老字號專賣店林立的青葉橫丁最為有名，許多店家一開始都是青葉通的路邊攤。在店內空間窄到恰到好處的老店裡，顧客圍著關東煮坐著邊吃邊聊，是特有的光景。而且每個地區的吃法還有些差異，有的會「沾味噌」，燒津市則是會放「鰹魚的肚臍（心臟）」，而在西部或東部則有許多人會說：「原來靜岡關東煮是這樣的啊」……靜岡的關東煮業界現況還真是難一語蔽之啊。

大正時代傳承至今的
靜岡關東煮
最大的特徵就是
將食材刺成一串
該怎麼纏呢？
居然能把蒟蒻絲纏成這樣！
也有牛筋這類
的食材
黑魚板是
靜岡特產！
也會放粗大的魚板
跟黑魚板一樣，
產量是全日本第一
（燒津）
高湯粉
青海苔
黃芥末
味噌
會搭配這些食材吃
夏天會有的
特別吃法！
冷氣
熱煙
刨冰
關東煮
西部地區
東部地區
什麼是靜岡
關東煮？
竟然沒吃過！
湯色雖然黑漆漆的
但味道很清爽，
吃幾根都行～

潛規則12

魚板是黑色的！

Shizuoka Rules

「天才般的下酒菜」——在清水度過幼年與高中時期（靜岡高中畢業）的作家村松友視，在著作《奇天烈食道樂》之中，如此褒揚「黑魚板」這項食物。不過就是魚板？不對不對，這個黑魚板不僅可當成關東煮的食材，還可以生吃，烤過沾醬油吃也很美味，簡直就是萬能的選手。許多靜岡人特別喜歡的方式是在剛炸好的魚板撒上大量醬汁與黃芥末，交疊出絕配的好滋味（也可以改淋醬油）。黑魚板是晚餐餐桌上的菜色之一，或是在超市銷售的熟食，更可以是營養午餐的配菜（若是挾著起司，味道更是絕妙！），在各種場合都是搶眼的主力選手。

黑魚板的原料是鮮魚漿。握有黑魚板市佔率八成的燒津通常選用鯖魚，靜岡則使用竹筴魚。關於名稱來源有許多說法，其中一種認為因為外型像半月形，所以被稱為半片[6]（燒津一帶也稱黑魚板為hanbe或hanpe），但最特別的是源自駿河料理人半兵衛的說法。德川家康在平民的家中午飯時，主人端出放了魚肉泥的湯品。當家康問起湯品名稱時，主人誤以為是在問自己的名字，所以回答：「我叫半兵衛」，從此之後這個魚肉泥就被稱為諧音的「hanpen」。

難不成，黑色的魚板才是正宗，白魚板則是冒牌貨？不對不對，前面提到的村松認為，不刻意強調這點正是「黑魚板的深奧之處」，也是「駿河之國的風土民情」。而且從富士川往東，或是從大井川往西的這些地區，還有很多人「根本沒聽過什麼是黑魚板」，看來靜岡的魚板也無法一概而論，所以在這談論魚板時，也得多加留心喔。

潛規則13

令人上癮的拳頭漢堡排

Shizuoka Rules

二〇〇七年，自從女演員長澤雅美在電視節目中舉為「現在最想吃的食物」之後，頓時造成轟動。而且不只是她，在縣外生活的靜岡人，也有不少人會為此成癮到出現禁斷症狀……這到底在講什麼事情？答案是，源自西部的「Sawayaka碳烤餐廳」。這家餐廳乍看之下只是一間以漢堡排為主打的連鎖餐廳，但許多靜岡人會在吃完「拳頭漢堡排」之後，以無可比擬的「熱情」（？）說：「這裡的漢堡排無人能敵！」。他們漢堡排的特徵在於生動與鮮明的肉感。用備長炭烤熟後，將如成人拳頭般大小的漢堡排（兩百五十公克）盛在熱得冒煙的鐵板端上桌。店員會在客人面前將漢堡排切成兩半，再將漢堡排煎到保留淡粉紅色的程度，而噗滋噗滋的肉汁聲與蒸騰而上的燻煙，讓人更加期待漢堡排烤熟後的魅惑香氣……。不過，此時絕不能忘記將放在桌上的紙巾兩端拉起來擋著，以免四處飛濺的肉汁、油、醬汁噴髒衣服。這個用餐之前的儀式讓人充份感受到拳頭漢堡排的生動感。

待開動時，或許會覺得漢堡排比想像中來得生……但可不能在此時怯步，因為讓客人吃到肉的原味就是這間餐廳的堅持。在袋井市自家工廠自製的漢堡肉是百分之百嚴選牛肉，所有肉品皆未經過任何冷凍處理，可看出該公司對新鮮肉品的堅持。

順帶一提，醬汁雖有多蜜醬與洋蔥醬這兩種可以選擇，但是這家店的愛好者都推薦淡路島產洋蔥製作的洋蔥醬。店員會在替客人煎熟漢堡排後淋上醬汁，但如果要證明自己是內行人，就得在此時跟店員說：「醬汁我會自己淋」。一開始先品嘗肉的原味，後續再淋上醬汁，才能「一次吃到兩種美味」。

順道一提，「Sawayaka[7]」這個店名源自創辦人富田重之，因肺結核而長期入院治療的經驗，他希望自己能夠從「身體孱弱的男人變身為爽朗的男人」（！），於是在一九七七年菊川町（現稱菊川市）開了「Sawayaka咖啡廳」。之後又推出比「拳頭漢堡排」小一號的「御飯糰漢堡排」（兩百公克），店家的解釋是「希望以父親的拳頭以及母親捏的飯糰，表現來自父母的親情」（節錄自中日新聞 二〇一三年二月五日內容）。嗯，真是一段溫馨的故事啊。

每當「創業價格活動[8]」時，該店門前肯定會出現長長的排隊人潮，不過，即便知名度如此高，該公司仍不願草率地進軍全日本，只保守地於靜岡縣內開店。盡管住在外縣市的靜岡人偶爾會抱怨：「真希望在其他縣市也吃得到啊」，但他們還是暗自為了這個只能在當地吃到的美味而感到驕傲。

除此之外，靜岡縣還有很多不是當地人就不會知道的在地連鎖店，例如以御飯糰及靜岡關東煮聞名的「天神屋」，或是透過廣告打出知名度的「Dondon便當」，還有以櫻花蝦炸什錦為賣點的蕎麥麵店「鐘庵」與立食蕎麥麵店「微笑亭」，看來這些店應該多加宣傳才對吧？不對不對，不願汲汲營營於名利的低調，才是靜岡的在地風格……對吧！

Sawayaka的
「拳頭漢堡排」
喚起食慾的表演秀！
長得圓滾滾的「拳頭漢堡排」端上桌後
由店員切成兩半
超生
噗滋～噗滋～
再利用燙得冒煙的鐵板將肉煎熟
此時油會四處飛濺
擋
噗滋～
噗滋～
記得將鋪在桌面的紙巾拉起來擋油
擋
小孩子會連頭都遮起來（笑）
可在櫃台拿到Sawayaka自製包裝的薄荷糖
翻找
炭焼き
さわやか
啊
薄荷糖
靜岡人的包包或口袋常會留著忘了吃的薄荷糖。

潛規則14

小時候常吃長頸鹿麵包

Shizuoka Rules

日本第一個製作麵包的是靜岡人——大家是否知道這段不為人知的歷史？這位人物名叫江川坦庵（伊豆韮山代官）。因「日俄和親通好條約」來到下田的外交使節團的船遭受嚴重損害之際，伊豆的造船師傅擔起了製造新船的重責大任。當時的造船經驗成為日本近代造船的基礎知識之餘，坦庵也同時注意到作為海外軍糧的麵包。

有這麼一段淵源，還真不愧是因黑船來航而聲名大噪的下田呢！不過現在，縣東部最受歡迎的麵包就屬「長頸鹿麵包」。製造廠商為沼津bakery（現稱NBS）。在長度超過三十公分的細長麵包填入奶油，還在細長的外包裝印上長頸鹿的圖案。許多人都將這款麵包當成「居家必備的零食」或是「社團活動結束後，回家途中邊走邊吃的麵包」。雖然NBS已經結束麵包零售事業，但為了回應消費者希望「長頸鹿麵包」能保留的心願，該公司仍於沼津站的零售店（Bellmart）銷售這款麵包。順帶一提，該公司過去曾以向靜岡連鎖零售店「八百半」租借店面空間的方式，領先其他烘焙業者於國外展店，也是將紅豆麵包帶入東南亞市場的公司，真可稱得上是全球化！

此外，與「長頸鹿」為同類商品的「小長頸鹿」麵包在靜岡縣東部也是主流商品，別忘了還有靜岡懷舊零嘴：全長八十公分的麵麩零食「櫻棒」，西部的「巧克力棒」等零食……難道說，靜岡人就這麼愛吃細長的食物嗎？

潛規則15

不知道要送什麼伴手禮，就送「鰻魚派」

Shizuoka Rules

「雖然是濱松的甜點，不過很有知名度，還算送得出手」（靜岡市民）、「若是別出心裁而買了其他東西，反而可能會失望（苦笑）」（濱松市民），這種超主流的靜岡伴手禮絕對非「鰻魚派」莫屬，其製造廠商就是位於濱松的春華堂。聽到「鰻魚派」，可能有不少人會因為那句超有名的廣告台詞「夜晚的零食[9]」而產生不純潔的聯想（?），不過這個名字的原意是「晚上『團圓』的零食」。雖然「鰻魚＝增強精力」的聯想讓人誤以為這個零食是用來增強性能力，但該公司反而逆向操作，故意選用紅、黃、黑這三種營養補給飲料常用的顏色來包裝，也讓這項零食瞬間打響在全日本的知名度！難道這就是濱松企業那股想到就立刻行動「怎麼可能不做」的精神嗎？該公司除了設立可參觀鰻魚派製作工程的「鰻魚派工廠」之外，二〇一四年夏天也設立了甜點主題公園「Nicoe」。

相較於有點趾高氣昂的西部知名甜點，以小雞喃喃自語地說：「小小禮物不成敬意」的廣告，營造出神秘感的是靜岡市的「Cocco」（製造廠商為Mihomi），這款蛋糕以安倍川的伏流水製成，也以這些特色默默地宣傳商品的獨特性。冬季限定的「草莓Cocco」以及紅豆內餡的「抹茶Cocco」使得季節商品的生產線得以順利擴大，也因此得到宛如縣中部般的核心地位。

除了上述的甜點之外，若要說什麼伴手禮最具東海道歷史特色，就絕對得提到安倍川餅（據說是由家康命名。參考潛規則48）以及於「小丸子」就讀的入江小學設立總店的追分羊羹。而有點年紀的在地人所懷念的烘焙甜點「8之字」也增加了茶香與紅茶風味的新產品線，因此得到越來越多年輕人的喜愛。

若說在沼津不預約就買不到的甜點，那就是義式蛋糕卷（富久屋），而在水果業興盛的靜岡，像是奇蹟水果店「杉山水果」（富士市）的生果凍、南伊豆的「哈蜜瓜最中餅」（溫泉水栽培的哈蜜瓜是當地名產）也得到相當高的支持率，消費者來自日本各地。此外，眾多文豪常造訪的東部也有許多正統經典甜點，其中包含為三島由紀夫所鍾愛的日新堂甜品店（下田）的瑪德蓮。據說Mont Blanc（熱海）的摩卡瑞士卷以及蒙布朗也是作家池波正太郎與谷崎潤一郎的最愛。

除了上述的甜點，櫻餅所使用的櫻樹葉有七成都於伊豆的松崎町生產（其他三成於南伊豆生產），而日式甜點少不了的紅豆餡是由興津出生的企業家北川勇作與內藤幾太郎，以機械化的方式達成大量生產的夢想。日本製餡業發源地的興津也有很多鯛魚燒與寸胴燒（像車輪餅一樣的甜點）等名產。再加上知名日式甜點「虎屋」也將規模最大的工廠設立在靜岡的御殿場，利用富士山的伏流水製作內餡。

正因為靜岡有好水與水果，才能在甜點這塊領域創下如此佳績。日本的甜食迷，每天都能吃到美味的甜點，全都得拜靜岡之賜，大家都該為此獻上感謝喔！

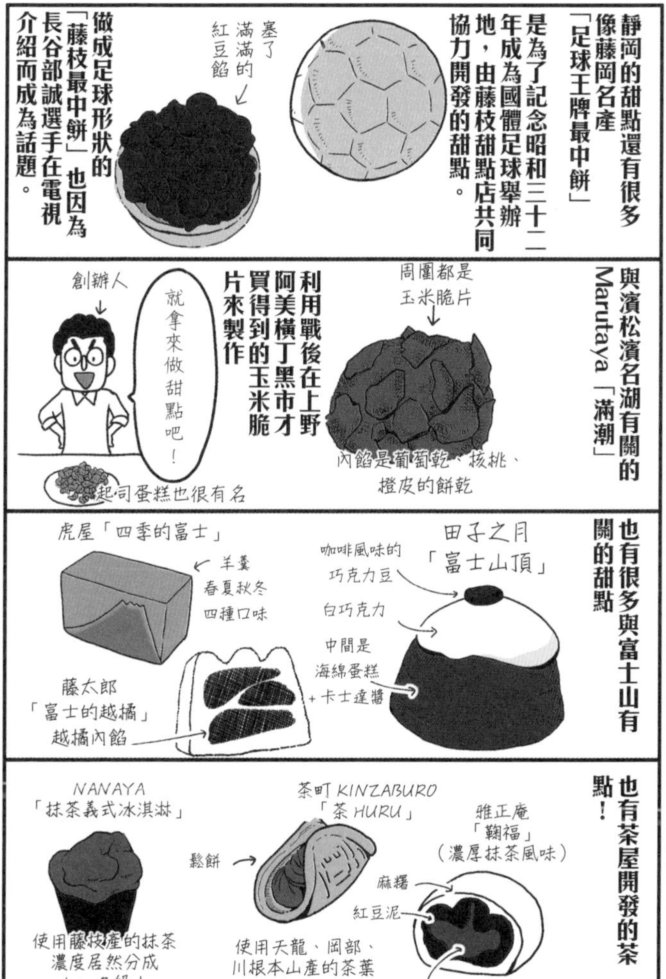
靜岡的甜點還有很多
像藤岡名產
「足球王牌最中餅」
是為了記念昭和三十二
年成為國體足球舉辦
地，由藤枝甜點店共同
協力開發的甜點。
塞了滿滿的紅豆餡
做成足球形狀的
「藤枝最中餅」也因為
長谷部誠選手在電視
介紹而成為話題。
與濱松濱名湖有關的
Marutaya「滿潮」
周圍都是玉米脆片
內餡是葡萄乾、核桃、橙皮的餅乾
利用戰後在上野
阿美橫丁黑市才
買得到的玉米脆
片來製作
創辦人
就拿來做甜點吧！
起司蛋糕也很有名
也有很多與富士山有
關的甜點
田子之月「富士山頂」
咖啡風味的巧克力豆
白巧克力
中間是海綿蛋糕+卡士達醬
虎屋「四季的富士」
羊羹 春夏秋冬 四種口味
藤太郎「富士的越橘」
越橘內餡
也有茶屋開發的茶
點！
雅正庵「鞠福」（濃厚抹茶風味）
麻糬
紅豆泥
抹茶奶油
茶町KINZABURO「茶HURU」
鬆餅
使用天龍、岡部、川根本山產的茶葉製成的奶油
NANAYA「抹茶義式冰淇淋」
使用藤枝產的抹茶濃度居然分成1～7級！

潛規則16

營養午餐會出現茶！

Shizuoka Rules

「學生到學校會帶自己的杯子。午餐時，講桌上會放一壺茶，讓學生倒來喝」、「我們班上有茶水值日生，負責倒茶給大家」，這地區的品茶菁英教育也毫不馬虎（？）靜岡與濱松在綠茶年均支出金額與購買數量分別佔據全日本的第一名與第二名（總務省統計局家計調查 二〇一一～一三年平均值）。相較於全國平均的四千三百七十九日圓，靜岡市的一萬一千三百零二日圓是唯一超過一萬日圓的都市！茶葉貴族的形象可一點都不假。

在生產茶葉這方面，靜岡茶園面積佔全日本的四成，荒茶生產量也獨佔三・七成，堂堂位居日本第一（農林水產省 二〇一三年）。最大的產地是堪稱面積東洋第一的牧之原。

明治維新之後，於駿府仕官的舊幕臣們將原為不毛之地的「牧之原」開拓成茶園。江戶最後一位將軍德川慶喜的舊幕臣之一涉澤榮一，擔起重建靜岡財政的重擔，為了因應當時的殖產興業政策，而將注意力放在重要的出口商品「茶葉」身上。由於他是失去武士身份的舊幕臣，因此以士族授產[10]的方式從事開拓事業。不過，開墾是一項重度勞力的工作，加上有些武士有財力上的困難，因此放棄了務農。之後補上的人力是因大井川開放行船，失業的川越人足（潛規則22），以及週邊農民們也一同參與，總算在明治十年代奠定牧之原的茶業發展基礎。沒錯，這裡之所以能發展為茶葉大國，其背後藏著先人們難以想像的重度勞動與辛苦。

此外，明治三十九年繼橫濱之後，從清水港直接出口茶葉的貿易也開始了。市內雖然多了一些製作出口茶葉的工廠以及外國商社，但真正的集散地為靜岡市的茶町。茶町是於江戶時代，家康制定駿府九十六町的時候，因為銷售茶葉的商人於此地聚集而慢慢形成（從江戶時代初期開始，井川的茶葉栽培就很興盛），時至今日，也仍有一百間的製茶批發商存在，這一帶到處洋溢著茶葉的清香，也是最具「靜岡風味」的小鎮。

基於上述背景，雖有靜岡人屬於「寶特瓶派」，但是從其他縣市返鄉的靜岡人常感慨地說：「還是用靜岡水泡的靜岡茶最好喝」，年輕女性也會嚴厲的說：「公司自動販賣機的茶很難喝！」（據說靜岡的員工餐廳使用的茶葉等級很高），甚至還有：「茶葉要以急須[11]慢燜泡製喲」，但時下的「急須男子」也是碩果僅存。再怎麼說，這都是因為靜岡人對茶的品質實在挑剔。

不過，就全日本來看，茶葉消費量的確逐漸下滑，靜岡也無法再偏安一隅，因此靜岡開發了以茶葉、抹茶製成的甜點，被譽為茶鄉的島田市則於各地宣傳品茗文化，邀請全日本大學茶道社前來舉辦校外活動（例如免費出借茶室或是補貼住宿費用），而靜岡縣也舉辦了「世界品茗祭」，不遺餘力地向國外宣傳茶葉文化。

相較於日本第一的茶葉消費量，靜岡市的咖啡、可可消費金額則在政令指定都市之中為倒數一名！靜岡人去餐廳或朋友家時，也總是說：「飲料？喝茶就好了啦」（只不過，他們對茶的味道很挑剔）。所以要請靜岡人喝茶時，可得格外注意喲！

靜岡人喝茶的種種趣事
①在餐廳時
飲料跟餐點一起來嗎？
我要一杯咖啡
我喝可樂
我喝茶就好
靜岡人
②在外縣市喝出品質差異的男性
嗯～～這綠茶燒酎…
用的是寶特瓶的綠茶吧
③每到新茶的季節，都會收到茶葉的禮物
茶葉？我沒買過耶～
常有人送茶葉喔～
④冰箱放了很多沒開封的茶葉禮盒
塞滿滿
＊在老公的老家
這……是何時的新茶啊？
我忘了耶…

潛規則17

在學校所有人都會領到橘子果汁&營養午餐會出現櫻花飯（西部）

繼茶葉之後，年均支出金額、數量同樣由靜岡市奪得第一名的（濱松則分別為第四、第二名）就是橘子，靜岡人很習慣一口氣買一大堆的橘子。此外，三日町（濱松）與壽太郎（沼津）都擁有知名橘子，生產量與生產面積也是日本第一（農林水產統計 二〇一二年 普通溫州蜜橘的資料）！

不知道是不是因為產量過剩（？），很多學生在學校「一週當中有一天可以領到橘子果汁」，喝茶又喝果汁的靜岡人真的與維他命C不足的毛病無緣。靜岡人的健康壽命（不因健康問題而造成生活障礙的期間）是屬全日本的前段班（女性的統計資料為七五．三二歲，為日本第一。厚生勞動省 二〇一〇年調查），說不定與茶葉、橘子的效果有關！

另外還有一個有關學校的話題。西部地區的營養午餐之中，最受歡迎的菜色就是「櫻花飯」。這是一種利用醬油與酒調味，沒有任何配料的炊飯，而且跟櫻花一點關係都沒有，看起來也略嫌單調（沒禮貌！）。不過，有很多濱松人會說：「到現在我都很愛吃櫻花飯！」、「看到有櫻花飯，整個人都開心起來了」，有許多家庭也會在家煮櫻花飯。

而東部的飯類料理就屬伊豆的傳統「黃飯」。利用梔子花將飯染黃（臼杵大部份地區與名古屋的局部地區也會有這道料理），每遇雛祭（女兒節）或端午節會煮，有時也取代紅豆飯作為節慶的菜色。

正如潛規則19介紹的平價美食一樣，傳統菜色能保留至今也是靜岡的特色，而且就如同茶葉盛行的程度，這裡也是在日本全國之中，特別與「不吃橘子」這件事無緣的地區。

潛規則18

罐頭大國！

Shizuoka Rules

儘管是鄰縣，卻令境內無海的山梨與長野羨慕不已？舉凡燒津與清水的鮪魚（冷凍）&鰹魚、竹筴魚（養殖。沼津）、吻仔魚、櫻花蝦（由比或蒲原附近）、金眼鯛（下田），盡都是靜岡縣的海產。由於駿河灣靠近黑潮與親潮的分界，據說約可捕獲一千種的魚，而且有很多海鮮的漁獲量與卸貨量也是日本第一。

食材若是豐富，加工品的種類也就跟著多樣，至今御飯糰與沙拉少不了的鮪魚罐頭皆是來自靜岡的清水。一九二九年，縣立水產實驗場實驗製造的鮪魚油漬罐頭得到美國採買方的絕佳好評後，清水食品（現稱SSK Sales）開始量產這項商品，除了生產鮪魚罐頭，還著手將在地名產——橘子做成罐頭，使得清水的罐頭業成長為一大產業。而因為海底雞這個商標而聲名大噪的品牌，也是於清水發跡的HAGOROMO Foods。基於上述，鮪魚罐頭生產量之中，源自靜岡的約有九成！以「燒鳥」罐頭打開知名度的HOTEi Foods也將總公司設在清水。

其他還有如沼津的高腳蟹、伊豆的龍蝦等高級食材。西部的遠州灘也有夢幻的螃蟹與知名度極高的胴滿蟹，以及可在濱松舞阪港捕獲的遠州虎河豚也都非常有名。其實下關的虎河豚有很多都是在遠州灘捕獲的，而且日本的天然河豚約有六成都來自遠州灘，靜岡市家庭消費的鮪魚年均支出金額也是全日本第一名，高達一萬三千一百一十六日圓（二〇一一～一三年平均總務省統計局）……這還真是讓人不得不羨慕啊！

潛規則19

平價美食王國！

Shizuoka Rules

誕生後六年就突破兩百億日圓的經濟效果，並且掀起一股平價美食風潮的料理就是「富士宮炒麵」（富士宮市）。這裡的平價美食陣容十分齊全，除了上述的炒麵外，還有靜岡關東煮（潛規則11）與濱松煎餃（潛規則20）這些主力選手。而且大部分的平價美食原本就存在於日常生活中，並不是乘著這股風潮才誕生的。

比方說，以濱松為中心的遠州地區，在二次世界大戰結束後，可在駄菓子店吃到的什錦燒，與普通的什錦燒差異之處在於這裡的什錦燒居然放了醃蘿蔔！濱松市的三方原早期就是蘿蔔種植鼎盛的地方，而人們利用遠州的知名強風——「乾風」與較長的日照時間將蘿蔔製成蘿蔔乾，所以才會將醃蘿蔔當成什錦燒的配料之一。除了醃蘿蔔之外，有些店家或家庭所使用的配料也不太一樣，有的會加蔥，有的則會放竹輪，而口感清脆的醃蘿蔔配上Q彈的麵皮可說是最佳拍擋。對外也以「遠州燒」這個名稱銷售。

此外，從二次世界大戰結束後，深受清水地區酒鬼喜愛的就是「清水內臟咖哩」。雖有咖哩兩字，但這道料理可是沒有白飯的！當地居酒屋「金字本店」在距今約六十年前，參考名古屋下酒菜的土手煮之後，想出了這道料理。主要是一道將豬內臟串成一串，再以自製的咖哩燉煮而成的微辣佳餚。目前市內約有八十間店家提供這道料理，但風格各有不同，例如有的店家會加入蕃茄，有的則會加入墨魚汁，而且也出現了送禮用的罐頭。

此外，磐田的傳統料理就是「omoro」（豬腳料理）與咖哩結合的磐田豬腳咖哩。以茶葉產地聞名的藤枝地區則是「朝拉」（朝拉麵）最為有名。最早這道拉麵是在地拉麵店「丸中」為了讓一大清早工作的製茶業者能填飽肚子，而於早晨開始營業，因此誕生了朝拉，最大的特徵在於同時提供了「熱的拉麵」與「冷的涼麵」。

其他還有山產豐富的御殿場御廚蕎麥麵、熱海的網代花枝炸肉餅。由於這塊土地充滿了山珍海味，所以有許多與此地相稱的平價美食誕生，但對大多數的在地居民而言，總免不了疑惑地問：「我從以前吃到現在的那個，居然是什麼平價美食？」。不過，讓日常食物帶動地區活化風潮的富士宮炒麵已為平價美食樹立了典範，過去曾有市民不花任何預算舉辦了相關的宣傳活動之外，也與各地的在地美食互相合作，使平價美食祭典「B-1錦標賽」得以誕生，而且這個趨勢還遍及全縣。於靜岡長大的作家村松友視曾說：「靜岡人的燃點很高，不太容易隨便起火」。不過，一旦真的點燃，藏在內心深處的故鄉愛可是會不斷地悶燒！哎唷，這就是所謂的「該出手的時候就出手」嘛。

話雖如此，各地區的情況還是有所差異，靜岡的中部與西部偶爾會出現「富士宮炒麵？我沒吃過耶」的情況，這也是地形橫長的靜岡才有的現象，甚至各地區之間還會有「濱松的鰻魚最好吃？不對不對，三島的也毫不遜色喔」這類有點劍拔弩張的氣氛。

富士宮炒麵、靜岡關東煮、濱松煎餃的
三大美食後繼者！
藤枝・朝拉
讓茶葉業者當早餐的料理
有熱與涼兩種選擇，很多人會
兩種都點
清爽的海鮮湯頭
帶有微微的甘甜
一下子就可
吃掉兩碗
清水
清水內臟咖哩
原本是居酒屋
「金字本店」想出來的
串燒風味咖哩
以咖哩燉煮內臟
這才是原本
的模樣
濱松遠州燒
什錦燒的一種
烤得薄薄的，再折成兩折或三折。
最大的特徵是會放入「醃蘿蔔」。
上面會撒鯖魚或竹筴魚的柴魚片
西伊豆
鹽鰹烏龍麵
袋井・膨鬆滑軟的蛋
把蛋液打發，與高湯拌勻蒸熟
從江戶時代傳承至今的料理
據說是新選組
近藤勇的最愛
在剛煮好的烏龍麵放上烤過
的鹽味鰹魚，再放上蛋、海苔、
海帶芽，然後撒上柴魚片以
及蔥花，最後淋點高湯醬油
提味的料理。

潛規則20

有固定常買的生煎餃店&驚人的煎餃消費量（濱松）

Shizuoka Rules

就二〇一三年這一年來看，靜岡的平均煎餃消費確屈居於永遠的勁敵宇都宮之下，但就二〇一一～二〇一三年的資料來看，濱松年均支出金額高達四千三百七十九日圓，位居日本第一寶座（家庭平均支出 經務省家計調查）！在地人從早期就十分熟悉的平民美食，就屬煎餃莫屬。

這裡的煎餃特徵在於①蔬菜比肉餡多、②會煎成一盤圓形的樣子、③中間會附上豆芽菜。之所以會有這些特徵在於濱松市週邊的高麗菜或其他蔬菜的栽培業十分興盛，而煎成一盤圓形的樣子是從二次世界大戰結束之後開始，為的是能一次在圓形的平底鍋裡煎更多的煎餃。塞豆芽菜則是在地人覺得「圓形的中央有個空洞，應該塞點東西比較好」，而後豆芽菜扮演著用餐途中，稍解油膩的角色，而這個創意雖然不太起眼，但是煎餃這道美食的確是因為濱松人那「想到就做」的行動力才得以發明的。

此外，煎餃專賣店除了賣煎餃外，就只賣白飯或啤酒也是這裡才有的特色。能輕鬆享受各種中式家常菜的「五味八珍」在當地也十分受到歡迎（愛知與山梨也都設有店面）。此外，喜歡外帶甚於外食也是濱松人的習慣。許多家庭主婦都會去熟悉的店家購買晚餐的煎餃（生煎餃）。

順帶一提，煎餃製作機市佔率第一的也是濱松的企業（東亞工業）。據說是在鑄造汽車零件模型時想到的靈感，濱松真不愧是縣內首屈一指的工業地帶啊！只要多熟悉一些濱松的相關資訊，日後肯定能與濱松人辦場熱鬧的煎餃派對。

潛規則21

有自己常去的MY鰻魚店（濱松）

Shizuoka Rules

繼煎餃之後，在蒲燒鰻魚的年均支出超過四千五百日圓，榮登日本第一寶座的也是濱松市。真是不負當年鰻魚養殖業者名列繳稅大戶的鰻魚故鄉之名。雖然目前養殖鰻魚產量已下滑至全日本第四名（農林水產省統計二〇一二年），但其品牌影響力至今仍是無可匹敵。

在當地人的回憶裡，「班上至少有一個同學的家裡是鰻魚養殖或是鰻魚直銷業者」，難道這也是濱松的小道消息之一？而且每個在地人都有「常去的MY鰻魚店」或是「外帶肯定是買白燒[12]鰻魚，回家再自己淋上醬汁重烤一次」的堅持。

順帶一提，料理鰻魚的方式分成關東式（從鰻魚的背後下刀剖開，蒸熟後再烤）與關西式（從腹部下刀，不蒸直接烤）兩種，而在位於東西兩側中央的濱松則可在不同的店裡吃到各種東西合併的風味。濱松的知名大企業之中，有很多是專門用來招待外國商務客的鰻魚店，其鹹鹹甜甜的醬油醬汁滋味，肯定能讓外國人大喊「Yummy!（好好吃）」。從明治時代就在這塊土地紮根的鰻魚養殖業如今似乎在外國居住者眾多的工業都市——濱松擔任著跨文化交流的橋樑。

濱松以外的地區，則以利用大井川伏流水養殖鰻魚的吉田町最為有名。此外，足以擔任東部代表的鰻魚之鄉就是被譽為水都的三島。其鰻魚的特徵在於將鰻魚養在當地引以為傲的名水——富士山伏流水裡幾天，據說這能讓鰻魚肉脫去多餘的油脂，變得更加緊實，風味也更上一級。

順帶一提，除了鰻魚與煎餃之外，外帶熟食回家的「中食文化」已於此地根深蒂固，也是這裡的特徵之一。其實靜岡市也有相同的特徵，因此在微波食品的支出金額上，分別由濱松與靜岡盤據第一與第二名（總務省家計調查兩人以上家庭政令指定都市排名 二〇一一～二〇一三年平均）！

獨就濱松而言，除了煎餃、蒲燒鰻魚，御飯糰的支出金額佔全日本第四名，沙拉第三名，可樂餅、燒賣佔第五名，冷凍微波食品則為第四名。而靜岡的部分則以壽司位居全日本第一名，沙拉第二名，炸豬排、天婦羅、炸物、燒賣則為第四名，幾乎都是名列前茅。

濱松本來不是一處喜好外食之地，所以外帶文化才得以發展，但這或許也是受到自古傳承至今的關東煮、什錦燒、煎餃等這類方便外帶的在地美食蓬勃發展的影響。不管如何，如今這裡可是餐飲業界之中，最為熱門的中食市場首善之地，也是絕對能滿足忙碌老饕味蕾的地方。

Shizuoka Rules

交通篇

購物篇

食物篇

街道篇

詞彙．人際關係篇

生活百匯篇

潛規則22

富士川、大井川是「東中西」的分水嶺

「明明都在同一個縣，但搬了家後，吹風機卻不能用……」。

這是真實發生在靜岡縣內的故事。日本的電壓頻率分成兩種，而靜岡則以富士川為界，以西為六十赫茲的中部電力，以東為五十赫茲的東京電力的轄區。隨著電器產品的進步，開頭說那種「不能用」的狀況不再發生，但過去的確很令人困擾，明明搬家後還是在同一縣，電器產品卻得全部重買過。有一年因為發生東日本大地震而造成東京實施分區限電時，靜岡縣也只有其轄區的東部受到影響……。

是的，靜岡的「東中西」區域就是有如此明顯的差異，而且就連天氣預報也分成東部、中部、西部三個區塊（東部還細分為狹義的東部與伊豆）。在電視還是類比訊號的時代，「東部播的是東京的電視節目（中部看不到）」、「西部則可以收看愛知縣的電視節目」，當時的確存在著如此的資訊落差。作為靜岡縣分水嶺的就是富士川與大井川，體育報紙也將大井川以東劃分為東京體育，並將大井川以西劃分為中京體育。

即便從歷史角度來看，靜岡在舊令制國[13]時代分成伊豆國、駿河國與遠江國，而鎌倉時代後，駿府（駿河國府中）的今川氏壓制了這三個國家，但也從那時開始，駿河（靜岡）與遠州（濱松）之間就產生了微妙的角力拉扯！不過，從「桶狹間之戰」爆發，歷經今川義元的敗北以及江戶幕府的建立，家康從武田一族手上奪回駿府之後，才開始了所謂的大御所政治[14]。之後又因明治維新時代的廢藩置縣實施，將此地劃分為韮山縣、靜岡縣與堀江縣，直到一八七六年府縣重編實施，又將在韮山縣之後誕生的足柄縣的局部地區與堀江縣之後新增的濱松縣劃入靜岡縣，才終於演變成現在靜岡縣的模樣。唉，簡單來說，靜岡縣就是因為過去這些分來劃去的歷史，才讓東中西這三個地區變得如此涇渭分明。

順帶一提，江戶時代，大井川是不允許架橋與渡船的，要到對岸就只能憑藉人力（川越人足）。一旦河川水位上升，行經東海道的旅人就得多停滯數日。「箱根八里還可以騎馬越過，唯獨大井川想越也越不過」這句俗諺就是由此而來。其實要從東海道來到靜岡縣，還有三處必經的河川（興津川、安倍川與瀨戶川），加上靜岡位於東海道中心點，這可能是使靜岡成為守護江戶的要衝之原因。從歷史看來，東西往來還真是有夠辛苦（只不過這是江戶時代的事啦……）。

歷經上述種種因素的影響後，即便是靜岡縣民的伊豆人，都習慣說自己的故鄉是伊豆，而不是靜岡；但濱松人則稱自己是「濱松出生（明明也是靜岡縣）」，企圖與靜岡劃清界線。而且，當東中西三地區的居民在外縣市碰面時，卻很難因為自己故鄉的「在地潛規則」取得共鳴，難道這也是靜岡才有的特色？

唉，這也沒什麼，原本靜岡就主張和平主義啊，血氣方剛（？）的濱松人偶爾會「火冒三丈」，但不像傳聞中那麼感情失睦啦。

＊對於最後的梗是「？」的人。請參考潛規則46。

潛規則23

不經意脫口說出合併前的町名與市名

Shizuoka Rules

「♪富士、富士宮，還有御殿場先生，富士gungungun」

三十五歲之後的靜岡人應該都對這首歌有印象。這是由靜岡電視台曾播放的在地金曲「御殿場先生」。歌詞內容是平成大合併之前靜岡縣的市名與郡名，而歌詞的韻調與節奏感也讓人「很容易把縣的市町村名背下來」。不過現在的靜岡縣地圖已與古色古香的「御殿場」時代完全不同了，最明顯的差異就是在合併之後，規模一舉放大的濱松市。二〇〇三年，靜岡市與舊清水市合併為政令指定都市之後，不願屈居下風的就是濱松。然而十二個市町村行政區域僅用了一年九個月就迅速合併，成為縣級人口最多的政令指定都市。

不過，從深山的天龍到沿海的濱名湖、遠州灘，到上百個邊緣集落以及幾個世界級的製造商都皆位於濱松境內，所以舊街區的居民與其他地區的居民似乎「很難攜手合作」……。因為城下町[15]&商業街而繁榮的舊靜岡與港町的舊清水合併也有遇到相同的情況。由於居民的氣質不同，清水擁有日本首屈一指的漁獲卸貨量港口以及足球隊！一如之前清水高中生的回憶「跟靜岡的足球隊比賽，讓人鬥志高昂」，有些人對於被「敵人」吸收這件事很排斥。鄰近的由比與蒲原併入靜岡市的時候，也留下了各種有待解決的疑慮……。這也是為什麼住在靜岡市的清水人習慣稱「自己的故鄉是清水」，以及很多人對由比或蒲原等舊町名念念不忘的緣故……。

潛規則24

高級住宅區就屬大岩、安東（靜岡）、佐鳴台、山手町（濱松）

Shizuoka Rules

濱名湖之於濱松人就像是自家後院一樣，常在退潮時去沙灘挖貝殼或是在湖裡游泳，而另一個也深受在地居民喜愛的休閒地就是佐鳴湖。

其實佐鳴湖週邊是濱松屬一屬二的高級住宅區。位於湖岸東側的廣澤、蜆塚早在二次世界大戰之前就是高級住宅區，而山手町、佐鳴台與富塚町一帶則是在經濟高度成長時期嶄露頭角。這裡除了有許多醫生、企業主的豪宅與裝潢時尚的咖啡廳，也是大企業派任此地的上班族所居住的文教地區。位於湖岸西側的西區則從一九九〇年代之後推動大平台的開發，目前已是新興的高級住宅區，人氣也因此扶搖直上。

另一方面，靜岡市內的高級住宅區則是位於駿府公園北側、城北公園附近葵區的安東、大岩、草深一帶。這一帶除了是靜岡前段的升學學校—靜岡高中以及貴族女子學校林立的文教區，也曾經有過大明星木村拓哉曾在此地購屋的傳聞（結果只是誤傳）。隔壁清水區的草薙一帶也是高級住宅區（區內有靜岡大學、縣立美術館與圖書館）。

順帶一提，「草薙」源自日本神話。武尊[16]東征之際，因野火之難而被迫以草薙劍撥開草原逃往此地，因此得名。待蠻族被平定後，武尊站在高台眺往四方時，又取名為現今的日本平。雖然地名因為行政地區的合併不斷改變，但保有傳承至今的古地名也是靜岡的特色。

不論如何，若認識住在上述高級住宅區的人，跟他們親近一點或許會有好事發生吧！

潛規則25

旅館數量全日本第一！

Shizuoka Rules

旅館數量日本第一的靜岡縣，數量高達三千零九十家（厚生勞動省二〇一二年度統計），比傳說中的北海道更勝一籌。旅館尤其集中在熱海、熱川、伊東、下田、修善寺這些知名溫泉聖地的伊豆地區，每當有外縣市朋友來訪，在地的居民都會自嘲地說：「介紹的地方絲毫無法讓朋友感到驚喜！」，可見這裡的攬客能力有多高。

靜岡縣特徵之一在於擁有許多正統的老牌溫泉，例如川端康成的最愛，也是以小說《伊豆的舞孃》為故事舞台的湯野溫泉。此外，據說伊豆長岡溫泉（古奈）是源賴朝於伊豆韮山被軟禁時（伊豆過去曾是流放之地）常去遊覽之地。湯島溫泉則因為是井上靖的自傳小說《雪蟲》誕生之地而知名。

此外，三島由紀夫在自決前的七年間，每年夏天都會造訪下田。總在下田東急旅館下榻，穿著像泰山一樣的狂野泳褲，展現完美的肌肉線條。偶爾也會去在地書店或甜品店逛逛（下田日新堂甜品店的瑪德蓮是他的最愛）這或許也展現出他較親切的一面（節錄自《三島由紀夫來的夏天》）。

而提到伊豆就想起河津櫻、油菜花、知名的天城山山葵與豐富的大自然。溫暖的氣候也讓居民的慵懶度比日本中部還高？如同「越過天城山，文化就不同」或「西伊豆與東伊豆的海色也不同」的說法，各地區的確有所差異。對於同樣位於靜岡，但海卻在遙遠彼方的御殿場居民而言，伊豆的確是初次開車兜風的首選啊……令人憧憬。

潛規則26

模型製造商的聖地（靜岡）

Shizuoka Rules

以熱愛模型而名噪一時的已故F1賽車選手艾爾頓・洗拿，最喜歡的模型品牌就是靜岡的知名模型公司「TAMIYA」。除了索尼與本田這些日本品牌之外，在「日本製」不被當一回事的時代，創辦人田宮義雄以及克紹箕裘的兒子俊作歷經千辛萬苦，總算讓TAMIYA成為世界知名的模型製造商（節錄自《傳說中的塑膠模型店》）。

而TAMIYA之外，靜岡堪稱模型製造商櫛比鱗次的塑膠模型王國，全日本塑膠模型出貨量光靜岡的製造商就佔了九成。以GANPURA（《機動戰士鋼彈》的塑膠模型）聞名的萬代也是於此設立生產據點。當時在JR東靜岡站廣場登場的實物大小鋼彈模型掀起話題後，工廠參觀行程（抽籤制）瞬間人氣高漲，中籤率直達數十倍之一的程度。除了還有AOSHIMA、HASEGAWA，中小製造商也為數眾多。模型製造業起源於興建駿府城、久能山東照宮與淺間神社之際、德川家康從全日本請來工匠與工藝家的這段歷史。家康這項舉動讓本地木材加工業得以興盛，也誕生了許多從事木造模型的製造商。提到製造業，就不得不說雛人偶（雛具）與家具也是靜岡的在地產業。以飯糰及關東煮聞名的「天神屋」早期也曾從事雛人偶的銷售。

正好日本動漫這類的軟實力也在全世界受到歡迎，所以也可以預期「想去秋葉原或靜岡逛逛」的外國觀光客會急速增加！順帶一提，秋葉原這個名稱源自濱松市天龍區的秋葉神社。靜岡隨時等候秋葉一族[17]大駕光臨！

潛規則27

製造業王國＝濱松

Shizuoka Rules

靜岡製造業出貨量緊接在愛知、神奈川、大阪之後，位居全日本第四，而作業人數以及事業據點數量也同登全日本第十名，可說是日本國內少數以工業立國的地區（經濟產業省二〇一二年工業統計速報）。能以工業見長這點或許是因為具備了方便的交通、溫暖的氣候與豐富的水資源等先天條件，而其中製造業的一大據點就是濱松市。在生產據點紛紛移至國外的時局下，濱松在靜岡縣內的出貨量與作業人數仍然雙雙獨佔鰲頭。

最具代表性的領域有以本田、鈴木為代表的運輸機械，以及以山葉為首的音樂產業，但不可不提的是，電視的起源地也是濱松。一九二六年首次於映像管實驗之中，成功顯示「イ」這個文字的是濱松高等工業學校（現為靜岡大學工學部）的副教授高柳健次郎。開發世界第一台胃鏡的人也是在濱松市長大的研究員杉浦睦夫。師承高柳先生的堀內平八郎所創的濱松Photonics除了在光學技術產業有所斬獲，也對諾貝爾獎等級的研究有所貢獻！這也是為什麼全日本的製造商與研究者會迫不及待地（?）往濱松靠攏的理由。

存在感特別強烈的是由在地人暱稱為「小修」的鈴木修會長兼社長所率領的鈴木企業。一九〇九年，鈴木企業以紡織機製造商起步，隨後透過摩托車製造而日益成長，而後又因製造低排氣量汽車一舉躋身日本全國市佔率的前幾名，同時也領先打入印度市場。鈴木總公司設立地點的舊可美村也因此擁有豐沛的財源，曾與擁有「馬自達」的廣島府中町一樣，拒絕與濱松市合併（至今府中町仍未與廣島市合併）。

除了濱松之外，磐田、湖西也有很多相關的公司與門市，尤其在西部，絕對禁止說鈴木的壞話（也有很多以鈴木為姓氏的人。潛規則33）。而鈴木的相關企業或交易對象也當然要以「鈴木汽車」來做為公務車使用。將視線轉往鄰市的話，磐田市有許多「本田」與「豐田」的相關企業，而湖西市則是奠定豐田企業基礎的豐田佐吉的故鄉。

此外，與鈴木並駕齊驅的本田也是源自濱松的運輸機械製造商，其創辦人本田宗一郎就是於天龍區的鍛冶屋出生，戰後一九四六年，他在因空襲而化為焦土的濱松設立本田技術研究所之後，將舊陸軍無線發電機改造成引擎，再利用這顆引擎開發了「BATABATA（暱稱）」這台摩托車，也開發出於全世界熱賣的Super Cub，之後因為參加F1賽車在全世界打響名號。

像鈴木會長這種婿養子[18]或來自外縣市的企業家輩出也是這地的特徵（山葉創辦人的故鄉也是和歌山縣），員工也充滿了國際色彩。雷曼兄弟事件爆發後，被譽為「日本最多巴西人的濱松市」，巴西人雖逐漸減少，但在工廠眾多的磐田或菊川學校裡，「每個年級都有幾名巴西學生」也不是太罕見的現象，而且從外縣市調來此地的上班族子女以及從國外留學回來的子女也很多，所以靜岡雖有保守的一面，但排他性卻不太明顯。從很多身為婿養子的企業家這點來看，追求實際且合理也是濱松的特色，說不定這也是經濟得以支撐的重點。

雖說比不上巔峰時期
但是濱松還是很多巴西人
禁止穿越馬路
PROIBIDO ATRAVESSAR
歡迎光臨
SEJA BEM VĨNDO
請維護河川整潔
Keep a river clean.
Mantenha o rio
招牌也常同時寫著葡萄牙語
可在濱松輕鬆體驗巴西氣氛的「SERVITU」
IMPORT
輸入雑貨食品
セルヴィツー
位於濱松站南側出口附近的巴西商店
於一九九〇年初期創業
銷售巴西的食品、日用品與報紙
CORREIO
為在地的巴西人帶來生活上的便利
讓濱松人為之狂熱的「濱松祭」也會舉辦森巴嘉年華會
在這裡說不定中部的清水 S-Pulse 迷也能很自然的融入喲！

潛規則28

班上有很多鋼琴小神童（濱松）

Shizuoka Rules

不論怎麼看，濱松的日本唯一公立樂器博物館、設計成鋼琴鍵盤造型的新東名濱松休息站以及「出世大名家康君」穿著的袴（鍵盤花紋），再再強調的都是樂器！「有很多學鋼琴的男生朋友」、「擔任學校合唱團鋼琴演奏是件苦差事……」，正如上述的說法，濱松的鋼琴所佔比例也很高！這也是擁有日本三大樂器製造商：山葉、河合樂器以及Roland才有的現象。

建立上述基礎的是山葉創辦人山葉寅楠。一八八七年從事醫療機器修理之際，接到了修理美製管風琴的案子，隔年與河合喜三郎一同生產第一台日本自製的管風琴。雖然鋼琴的生產量現在受到少子化影響而減少，但山葉公司仍併購了美國的吉他週邊器材製造商，也於中國、東南亞設立鋼琴教室，逐步拓展藍海市場。相關企業的山葉發動機除了生產摩托車，也同時開發三輪摩托車，小型四輪車也打算進軍市場。

除了生產樂器之外，濱松也舉辦「濱松國際鋼琴大賽（濱con）」、「靜岡國際聲樂大賽」等音樂盛事，也常有知名音樂家到場參與。「全日本高等學校吹奏樂選拔會」也是於濱松舉辦，甚至製作了電影《樂隊男孩與兔麻吉》，全戲皆在濱松取景的吹奏樂電影（飾演主角母親的是於濱松長大的女演員鈴木砂羽）。其實向來被認為氣質文靜的靜岡裡，有許多喜歡熱鬧祭典的人，想必這個「樂都」的後續發展也是令人期待！

潛規則29

比起「爬」富士山，更喜歡「欣賞」？

Shizuoka Rules

「站在Cenova電影城的大廳可以清楚看到！」、「三保的清水S-Pulse練習場是最佳景點」、「不對不對，只要從家裡的窗戶望出去，隨時都能清楚看到……」。

二〇一三年，因為列入世界文化遺產而掀起了一股富士山熱潮，也讓不少靜岡人見識到「原來富士山這麼了不起！」，但如上述所形容的，每個靜岡人都有MY富士山最佳觀賞景點。而且有些人還會以「頭（山頂）帶著傘（雲），所以會下雨」這種說法來預測天氣。遇到那些只是從新幹線看到富士山就興奮不已的外地人，靜岡人心裡總不屑地想：「明明還有更棒的觀賞景點」，然後暗自沉浸在優越感裡。

自古以來，富士山雖是多數藝術與文學的雛型，但最能代表富士山的美術作品，莫過於葛飾北齋的「富嶽三十六景」。最先出版的三十六圖被稱為「表富士」，因為好評而追加的十圖稱為「裏富士」。不過，現在若在靜岡提到表富士與裏富士，只會想到與山梨縣民之間「從哪一縣欣賞的富士山較美麗」的爭論。

靜岡人將靜岡這側望過去的富士山稱為「表富士」，並將山梨那側望過來的富士山稱為「裏富士」，即便不大聲疾呼，靜岡人也從容地認為「四個登山路線之中，其中有三個都在靜岡」、「側火山的寶永山剪影才是富士山原本的樣貌」，從這兩點來表示他們說法的正當性。相對的，山梨人則是氣勢凌人地回應：「寶永山又不好看」、「山梨這邊可以欣賞倒映在富士五湖裡的富士山」……。雖然靜岡人認為「裏富士山」的山梨沖昏了頭，不過之所以意見如此相悖，難道是因為靈峰富士有著不可思議的魅力嗎!?

順帶一提，根據縣政府發佈的二〇一三年縣內住宿人數調查，富士地區較前一年增加百分之十二．一，促成富士山被評為世界文化遺產因素之一的松原（位於靜岡市三保半島），住宿人數也因此較前一年增加百分之五。列為世界文化遺產之後，富士山腳下富士市的富士商工會議所青年部則乘著近來工廠夜景參觀行程風潮，推出了參觀富士山與工廠夜景的合併行程。富士市主要產業之一的製紙業，工廠&煙囪也因為上述的合併行程成為觀光資源，帶動了新型的地區復興活動。

不過，住在中部的靜岡人似乎對此不太感興趣，經驗也只有「開車到新五合目一帶」或「只有遠足時，搭公車去過」，鮮少人攻頂。偶爾會聽到「爬上山頂反而不見富士山之美」這種高深藉口，但是，對日本人來說富士山本是信仰的對象，過去曾禁止女人入山（第一位女性登山者是女扮男裝）。時至今日，富士山雖已廣受女性登山客的熱愛，但仍不可對登山一事掉以輕心（偶爾會有本只是來兜風，卻因一時興起而登山，結果落得山難的靜岡人……）。不管理由為何，「富士山是透過眼睛欣賞的風景」這個理論，是居民的共識。若在旺季，與其挑戰到處擠滿人的富士山，還不如找個專屬景點，悠哉悠哉地眺望富士山。或許這才符合靜岡（人）對富士山的憐愛。

Shizuoka Rules

交通篇

購物篇

食物篇

街道篇

詞彙．人際關係篇

生活百匯篇

潛規則30

自以為沒有口音

即便位於靜岡縣，本來就是都會地區的靜岡市，方言的色彩也相對淡薄。或許是偶爾被揶揄「沒有特色」之故，所以連靜岡人也誤以為（？）自己「沒有口音」，但實情並非如此。靜岡方言的第一個特徵為音調的差異，他們習慣將重音放在第一個音節，例如「市役所」這個單字，他們習慣將開頭的「市」念得又重又高，「短袖[19]」或是「草莓」則會將重音放在「ha」或「i」。搬到外縣市之後，總習慣在「你好，我是山田」這類自我介紹的情況下，將重音放在「山」，因此偶爾會被當成土包子看待……。

靜岡人稱呼自己的方式也有一點特別之處，在說「我們這些傢伙[20]」的時候，習慣說成「orecchi」，而在說「我們」的時候，則會說成「uchicchi」。這些說法也常出現在「我家」或「我的家」的說法裡，聽到老大不小的大叔說：「orecchi～」，還真是出乎意料地可愛呢！

順帶一提，所謂的靜岡腔是靜岡中部的方言，西部屬遠州腔，東部則分成駿東與伊豆兩大分支。或許西部地區有受到三河的影響，導致中部人常覺得西部人說話「濁音太重很難懂」、「速度太快，很像在吵架」。相對的，中部人說話較慢、不溫不火，所以當性急的濱松人聽到靜岡人悠悠地說：「明天的事留到明天再做就好了呀」，通常會忍不住火冒三丈……。

除了上述之外，沿岸地區的方言則帶有些許江湖味，而且世代不同，方言的輕重程度也跟著不同。即便同屬靜岡，使用的語言還是「chi～tto、chige～ra」（有點不一樣的喲～）。

潛規則31

「baka」不是真的把人當成笨蛋！

Shizuoka Rules

有些靜岡話的說法很像標準日語，但意思其實不同，才導致誤會叢生。

其中之一就是「baka」。在靜岡聽到這個字，可不是在罵人「笨蛋」，而是強調「非常」的加強詞，常見的說法有「baka厲害耶！」、「baka冷耶！」。聽到「bakka了不起！」、「那傢伙，足球踢的baka好！」或許會讓人聽不出是在讚美還是貶低對方，但其實這是最高級的褒美之詞！對於能接受「傻瓜」（aho），但聽到「baka」會認真生氣的關西人最好學著入境隨俗！

順帶一提，以濱松為首的遠州地區常以「do」代替「baka」，聽到街上的女高中生說：「do～dari～ra」（超～級～土氣）的瞬間，或許會讓你退避三舍，以為「她們是太妹嗎？」但是請你放心，這只是她們習慣的說話方式。

其他容易被誤會的還有「kagiwokau」（靜岡方言：上鎖；標準日語：買鎖或買鑰匙）、「sitabera（吐舌頭[21]）」（不懂為何要連說兩次舌頭）、「kaziru」（靜岡方言：抓癢；標準日語：咬）、「tobu」（靜岡的方言：跑步。上了年紀的人常用，有時也會說「haneru」；標準日語：飛、跳）。聽到靜岡人說：「手咬（抓）到流血」（?）、「快飛（跑）！」時，可別嚇得面面相覷喲。

順帶一提，常在靜岡聽到的「ozoi」聽起來很像是「osoi（很慢）」，但其實真正的意思是「沒用的東西」，上呈企劃之後，若聽到上司對你說：「ozzena～」，最好知道上司是在罵你沒用，快點摸摸鼻子從頭改起。可愛的方言系列則包含代表草鞋的「ziyyonziyyon」以及

「kokobattoite」（請先坐在這裡喲），女孩子或小孩子使用這類方言，可讓可愛度大增。

除此之外，常有機會使用的還有「～damonde」，在不知道該說什麼的時候，常會聽到這句話，若用英文來講，大概就是「you know～」，而標準日語則是「tteiuka～」，簡單來說，就是一句作為填空的詞彙。由於常在沒有特別意思的時候使用，所以聽到「damonde」時，可別一直問對方你說的damonde到底是什麼意思喲。生性溫吞的靜岡人，可是會因為這樣而不知所措……ra？

其他還有不同世代專用的方言，例如「shiyonnai」（沒辦法）、「yakkirikoku」（生氣）、「mirui」（柔軟的、稚嫩的、年幼的）、「kozumu、kozonderu」（沉澱）、「bushiyyotai」（骯髒的）……其實靜岡的方言也是跟標準日語有差別dazyan（潛規則32）！

我叫梅田猛
在浪速土生土長的我
因為爸爸的工作搬來
靜岡
靜岡這種悠哉的感覺真不錯啊～
啊，垃圾掉在地上
撿
真是baka了不起！
蛤？
就是這個表情！
bakka有趣的啦
什麼？
咦？bakka厲害的咧！
嚇
喂！
幹嘛啊你！一直說我baka！
是在瞧不起我嗎？
咦？為什麼生氣？
是在說你baka厲害的啊…

潛規則32

語尾都是半疑問型的「ra?」、「dara?」、「～keka?」

Shizuoka Rules

濱松的電影館「cinema e-ra」、沼津的購物中心「e-ra de」以及「e-ra park」在地美食口碑部落格。其中的「e-ra、e-ra是什麼意思啊？」簡單來說，就是摻有靜岡腔「不錯吧？」的意思。

繼前述提及的重音之後，語尾容易產生變化也是靜岡腔的特徵之一。除了在中、東部常聽到的「～ra?」之外，西部則會聽到「dara?」、「dani?」這類變成濁音的語尾。沿岸地區或是老一輩的人也會在語尾加上「zura?」，而共通之處都是半疑問句型。有時不小心在外縣市說出「要去ra?」[22]（要去吧？），就可能被反問：「鮭魚卵怎麼了？」。

同樣是語尾表現，中部常用的是「～kkeka?」。這也是一種半疑問說法，跟「～dayone?」這類徵求對方同意的表現方式類似。除了「iindakkeka?」（可以嗎？）、「soudakkeka?」（這樣嗎？），還有「arigatoukkene」（謝啦！）這種用法。年紀略高的世代則會說成「～sin?」，例如「聽說今天會下雨sin?」。東西部常用的還有「～dayo」。乍見之下像是標準日語，但在使用上卻有「ikudayo」（要去囉）、「tukaudayo」（要用囉）這類如變化球般的多變特徵。

東部局部地區很多人會以「sa～?」代替「ra?」，難免會被吐槽「你以為你是桌球選手小愛嗎？」[23]。有時也會出現以「ga～」、「zaa～」這種濁音代替「sa～」。

「～dazyan」（像是「damedazyan」（不行啊）的用法），算是源自橫濱「～zyan」的變形版本（？）。在西部靠近三河一帶，則因為受到名古屋腔三個活用的語尾詞「zyan、dara、rin」影響，有些人會把語尾說成：「～rin！」、「～kin！」(ittekin=先行一步吧)。

儘管各地區有些差異，整體來說，溫和多樣化的「半疑問句型」也算是靜岡的特色吧。

果然，靜岡人一～點口音也沒～有ra！

我還以為靜岡有很多方言！沒想到街上的對話聽起來很正常耶
那裡的蛋糕很好吃耶！
對啊對啊奶油很濃醇呀～
的確
在老公的老家
來來 tobutobu！(快跑快跑)
tobu？
別 shoroshoro 的～
抱歉抱歉
*shoroshoro？
雖然都是聽不懂的方言……
orecchi～
聽起來好可愛！

* 慢吞吞、拖拖拉拉

潛規則33

日本第一多「鈴木先生」的街區・濱松、「望月先生」的靜岡、「勝俣先生」的御殿場

Shizuoka Rules

濱松市西區的篠原町被譽為「鈴木王國」，該王國的居民每三位就有一人是「鈴木先生」。雖說鈴木在全日本也是第二大姓，但就人口比例來看，都道府縣之中，比例最高的是靜岡，市町村之中最高的是濱松。鈴木的密度異常的高。

據說鈴木一族起源地為和歌山，不過根據濱松市情報誌《HAMA流》第15期的說法，年幼期在濱松度過的德川家康，有許多家臣也姓鈴木。鈴木的名人有鈴木（SUZUKI）會長兼社長的鈴木修、作家鈴木光司，連現任的濱松市長也姓鈴木。由於學校有很多姓氏為鈴木的學生，所以必須直接叫名字，不然就得叫「○班的○○」才不會叫錯人，報紙上的訃聞也有可能會出現同名同姓的誤會，所以得多加留意！

在靜岡也有很多人姓望月。例如曾掀起話題的望月巖超市（潛規則10）、前日本國腳望月重良（現為J3的SC相模原代表）以及JFL Azul Claro沼津教練望月一仁，這個姓氏在清水地區特別搶眼。

在數量上並駕齊驅的還有村松、杉山這兩個姓氏，因為藝人「勝俣州和」而變得知名的御殿場，在某些地方也有許多人姓勝俣（katumata）。這個姓氏的漢字有很多種寫法，例如「katukanden的勝間田」、「被稱為hikkakemata的勝又」、「也可寫成勝亦，就是寫成「無心戀愛」的亦（笑）」（因為日文的戀寫成恋，而亦是去掉心的恋），邊開玩笑邊解說自己的姓，也是當地的特色？若能記住這些話題，就能與剛認識的katumata先生聊得更起勁喲！

潛規則34

日本的縮圖？不過就局部來看的話……

著作多與靜岡有關的中村羊一郎在其《從靜岡看日本文化》一書裡，如此形容靜岡：「溫和的氣候與豐富的物產，還有處於人材、資訊交流的東海道中心等地利之便，都給人一種個性不太鮮明的感覺，也因此帶來隱約的負面印象」。的確，到目前為止，我們已介紹了許多靜岡引以為傲的「日本第一」，但是人物方面呢？還是說靜岡人其實不想太高調？根據集結NHK日本縣民氣質問卷：《現代的縣民氣質》（NHK出版）顯示，在全日本共同問題之中，靜岡約有八成的回答跟日本全國平均值相差無幾……。

換言之，靜岡人就是日本人的平均樣貌？JT與花王這些製造商會將靜岡選為新商品試賣地，或許也是這個原因。總人口數、縣內總生產毛額、汽車數量、零售業年度商品銷售額、新建案推案數也都排在全日本十名左右，算是大小適中的都市規模，而且每個村鎮都有都會與田園兩種樣貌，境內也有山川湖泊，簡直可說是濃縮了整體元素的日本縮圖。這種恰到好處的均衡感或許也是魅力之一，而「東中西」區域差異以及「靜岡VS濱松」的潛在競爭被到處拿來說嘴，是對這種均衡感的一種反撲⁉就全體來看，靜岡十分溫和，但就局部來看，個性卻意外鮮明。這或許也是靜岡偽裝自己的另一面吧。

潛規則35

「挑戰看看」VS「還是放棄算了」？

Shizuoka Rules

只有百分之七的人會以「這個地方的自然與氣候很嚴峻」來形容靜岡，遠比全日本平均值來得低之外，「居民的最大特徵」就是「悠哉」。先前提過的《現代的縣民氣質》就是如此形容靜岡人。如同在「序言」提到的，這塊土地擁有得天獨厚的資源，人民不需太過辛勤工作就能過生活，所以性格也顯得平順開朗。

不過，若是細分東部、中部、西部的「居民特徵」，就會看出明顯差異。這三個地區最多的答案雖然還是「悠哉」，但是第二名之後的回答就有所不同，例如東部與中部的人覺得是「較保守」、「較講人情義理」；西部則認為是「較創新」、「較開放」。為何會出現這些差異？前面已提過這地早期由三個國家分據，若從剛剛提出的氣候因素來看，西部全年都受到強風（乾風）吹襲，而氣候較為嚴峻的這點，也是該地居民較有共鳴的特徵之一。

歷史背景與風土民情也大有不同。古時候，家康就任將軍一職時，負責重要任務的濱松藩主在幕府擔任要職，也因為這個緣故，濱松城被稱為「出世城[24]」，也因此蘊育了多數的創投企業。想要出人頭地或是認同當地飛黃騰達的風土民情，在西方之霸的濱松可說是表露無遺。

過去曾有段小故事。某間外食連鎖餐廳在靜岡徵求加盟店時，中部的加盟主只有一位，其餘大半都是來自濱松與外縣市的人。

另一方面，駿府（靜岡市）從今川時代就奠定了商業基礎，到了德川時代，又因成為幕府直轄領地而過著安逸的日子。自古以來，這裡就是城下町，因為各種產業而繁榮，同時也因為許多工匠與商人來往而熱鬧非凡。在這樣的土地上，恪以律己、知所進退地維持生意與生活是最理想的心態。「靜岡的競爭意識與挑戰性格相對薄弱，而『還是放棄算了』的精神卻很堅強」，身為「挑戰看看」一族的濱松人雖常如此調侃靜岡人，不過這或許只是因為「戰鬥方式」有所不同而已。潛規則34提及的中村羊一郎曾以「不積極，卻很有韌性」形容靜岡人。話說回來，靜岡人的性格雖沉穩，但正如過去反對大型店舖進入商店街的運動一樣，對於保護重要事物的心卻很強烈……。應該說，最強武器就是防禦性吧。

濱松人常被批評是一群粗魯的人，或許他們說話是真的有點粗魯，但其實他們很講人情義理，心態也十分「開放」，擁有能接納各樣事物的寬大胸懷。

盡管各地區有著明顯的差異，但在開頭所提的調查中，全縣回答「喜歡靜岡縣」的人接近九成，是全日本第三名的佳績呢。

看來在東西橫～長的靜岡裡，「愛靜岡」的精神的確貫穿了全縣。

Shizuoka Rules

交通篇

購物篇

食物篇

街道篇

詞彙．人際關係篇

生活百匯篇

潛規則36

朋友之中肯定有J聯盟的選手

靜岡縣有許多連足球白痴也聽過的足球名將，例如三浦知良、中山雅史、武田修宏、名波浩、小野伸二、川口能活、高原直泰、長谷部誠，而且人數還是全日本第一！有的人與他們會有親近的緣分「我與名波是國中同學」、「高中時期有跟小野比過足球」，但也有「高原的父親是我高中體育老師」、「因為外送披薩的關係，J聯盟就像是我家（？）一樣」這種莫名的攀關係行為，可見每個人或多或少都會有足球相關的人脈（以清水三羽烏聞名的長谷川健太也是漫畫家櫻桃子的同學）！

被譽為「足球大國」的原因當然是高中足球。在全日本高中足球大會上，靜岡幫已獲得十次冠軍，締造了全日本第三名的成績！近年來，日本足球水準提昇之餘，越來越多選手選擇參加J俱樂部青年足球聯盟，而不是高中校隊，所以一九九五年之後，就與冠軍漸行漸遠。但是，過去曾有一句話說「稱霸靜岡縣就稱霸日本」，對靜岡人而言，守在電視前收看日本代表決賽，可是新年的一大盛事。

全盛時期，在縣內掀起白熱化競爭的是藤枝東，以及清水幫的清水東、清水商業（kiyosho。現稱清水櫻丘高中）、東海大一（現稱東海大翔洋）。還有位居中部、三浦知良赴巴西留學前就讀的靜岡學園（靜學）等三大勢力。當中，藤枝市和清水區更是長年來的宿敵，尤其最早將足球列為校技的志太中學校（現稱藤枝東高），與秉持著超越藤枝的精神，以堀田哲爾、綾部美知枝等師資培育的小學生聯盟（清水）。前日本代表「名波浩」從藤枝的西益津中學校進入清水商業就讀，而飽受周圍的嚴厲批評就是一個例子（節錄自《比第十二次稱霸全日本還重要的事——清商足球隊的教訓》）。同樣地，在濱松長大的武田修雄進入清水東就讀時，也曾被貼上叛徒的標籤。看來靜岡縣人平常雖然溫和，但是一提到足球，很多人就會變成狂熱分子。

順帶一提，藤枝東到目前為止仍規定，所有男學生都必須購買足球鞋。也因為這規定，即便不是足球隊成員，足球也踢得很好。在過去棒球的全盛時期，午休與下課時間，學生玩的當然也是足球。一如「在大阪，不會搞笑的男性不受歡迎」一般，在靜岡，足球踢得不好的男性也會度過味乏味的慘淡青春……!?

許多靜岡人長大後，不是擔任在地足球隊的教練，就是在六日參加業餘足球隊或是室內五人制足球，其中不乏聲稱「一輩子都要踢足球」的大叔與上班族（也有女性！）。清水一帶，還會舉辦縣內外的還曆、古稀世代（六、七十歲）的超級銀髮族足球大賽，藤枝一帶也會舉辦日本PK選拔大賽。室內五人制的足球場地很多，常常容易因為一起踢足球找到意氣相投的朋友，而不是在居酒屋喔。這也是靜岡才有的特色。如果想在這裡拓展職場以外的人脈，從足球這方面下手也是不錯的一招。

稱為足球之鄉的靜岡
有許多足球女孩
小學就有跑得比男生還快、球踢得比男生還好的女孩⋯⋯
升上國高中後也有對足球眼光甚高的女孩
用膝蓋停球的技巧不怎麼樣呢
視野太窄才會被包夾吧
妳、妳們在說什麼？
藤枝順心高中在日本女子高中足球大賽獲得亞軍時
静岡新聞
号外
藤枝順心準V
全日本高校女子サッカー
登上了靜岡新聞的頭版呢！
也有挑戰聯盟的「清水第八昴宿星團」、靜岡產業大學「bonita」等足球隊，以進入日本女子足球聯盟為目標
DAIHACHI
SSU
好強！
好帥！

潛規則37

靜岡Derby（清水S-Pulse vs 磐田Jubilo）肯定要看

Shizuoka Rules

傳說1：「這裡就像是日本的巴西」。在街角看到踢足球的少年後，擔任足球球評的Sergio越後曾如此評論。傳說2：某個外景節目將足球傳給路上的大叔&大嬸後，他們立刻秀了一段華麗的挑球技術……。

這些事蹟都是在靜岡縣首屈一指的足球故鄉「清水」流傳許久(?)的足球傳說。以清水為主場的J聯盟清水S-Pulse隊之所以母隊會是市民團體的「清水FC」，也是因為這裡的足球風氣鼎盛（有正式的足球專用體育館也是能加入J聯盟的關鍵）。設立之初，有許多市民是股東，而在經營面臨存亡之秋時，球迷們還自動發起連署活動來募款。J聯盟裡有許多來自清水的選手，漸漸形成所謂的「清水幫」。

球隊裡一開始最受歡迎的選手是被譽為「清水三羽烏」的堀池巧、大榎克己、長谷川健太，以及現在仍享有「Mr. S-Pulse」美譽的澤登正朗。這支隊伍留下了許多為人稱道的知名戰役，例如一九九六年首次奪得Nabisco盃冠軍以及一九九九年與磐田Jubilo爭奪冠軍時，澤登正朗的自由球（讓比賽回到原點的「自由球傳說」！）。不過，正因為拿過太多次亞軍，所以被揶揄為「銀牌收集者」……。如今在古特比（Afshin Ghotbi）教練的帶領下，年輕王牌大前元紀的表現也令人期待。與選手同樣備受矚目的是吉祥物帕魯，他擁有不可忽視的演技，過去還有過EXILE與長州力風格的表演。帕魯也很受到孩子們的歡迎（也有「內臟」（裡面的人）改變後，表演風格也跟著改變的傳聞）。

球迷的加油方式也相當獨特。基本上是利用樂器吹奏巴西的森巴樂，而一致的橘色充滿著活潑的氣氛！不過，即便同是自由席，一樓的座位有很多死忠球迷，一旦比賽進入緊張階段，就會轉換成向選手&裁判強烈表達意見的總教練模式……。

接下來介紹的是另一支在地球隊，是比清水S-Pulse晚一步加入J聯盟的磐田Jubilo。這支球隊雖在二〇一四年球季降至J2，但過去曾是中山雅史、名波浩、藤田俊哉、川口能活這些日本國腳齊聚的常勝軍。獲得無數錦標的全盛時期，隊員之間的絕妙傳球技術還吸引了不少其他地區的球迷前來欣賞。因此，就算不是球迷，清水S-Pulse與磐田Jubilo的靜岡Derby[25]也是非看不可的對戰戲碼。除了主場的球迷之外，也有許多來自選手故鄉的球迷會因為「〇〇是來自東部的選手（即便是磐田Jubilo的選手）」而前來加油。

除了上述兩支隊伍之外，於二〇一四年成軍並加入J3的是藤枝MYFC，其教練為水島武藏，據說深受J聯盟選手影響的漫畫《足球小將翼》主角大空翼就是以這位教練為雛型。藤枝市在靜岡縣也是引以為傲的始祖足球街區，或許這支球隊會是讓足球勢力圈風雲變色的伏兵！

由於過去曾有排隊等候入場的死忠球迷所以清水 S-Pulse 的自由席採兩階段式購票
防水野餐墊
手電筒
布膠帶
68
大澤四位
馬克筆
寶特瓶（必須是四方體的）
在門口處用名牌貼成一圈占位排隊（也有不被允許的時候）或是舖上野餐墊（如右圖。從凌晨零時開始）必須在當天開門前三十分鐘回到這裡！
加油方式充滿了森巴色彩！會使用蘇多鼓或牛鈴這類日本罕見的樂器！
噠
咚
咚
咚
咚
清水 S-Pulse 森巴隊
獲勝後，跳「勝利 roko」是慣例
Ro~ko~
roko
roko
roko
roko
我們得冠軍
這支舞源自球迷現在連選手們也會跟著跳
主場「IAI 日本平球場」是得到 J 聯盟最佳 Pitch 獎最多次的球場！
面朝富士山的球場也是靜岡人的驕傲

潛規則38

對棒球（高中棒球&中日龍）也很狂熱！

Shizuoka Rules

每當靜岡人介紹自己來自靜岡，就很容易被問：「你有踢過足球囉？」、「你是足球迷吧？」，但是，這裡瘋棒球的程度其實不遑多讓！

較為顯著的屬西部地區濱松人過去曾對高中棒球有著極高的熱情。以此契機成立的是擁有創立九十年歷史、於一九七八年獲得選拔賽冠軍的濱商（濱松商業）。近年雖有被其他學校奪走代表權的情況，但職業棒球與社會棒球中的成員有許多來自該校的人材，也有不少資深校友擔任其他高中的棒球社團教練。此外，取代濱商地位的甲子園常客就是知名度急遽增加的菊川市常葉菊川，拉拉隊員有許多女孩子的這點使球隊聲名大噪。

中部則有靜岡高中、靜岡商業、常葉橘這些棒球強校，雖然有許多球迷期待在草薙球場舉辦巨人戰，但令人不得不在意的是，西部的濱松有很多鄰縣名古屋的中日龍球迷。這些球迷會前往名古屋巨蛋加油，有些也由衷期待濱松球場的中日戰。如果遇到是中日新聞&中日體育報的死忠讀者，那麼，就可以合理懷疑他是中日龍的球迷！

還有許多其它在地球隊，例如籃球有bj聯盟的濱松東三河鳳凰籃球隊、女子強隊的chanson化粧品籃球隊，以及日本橄欖球一級聯盟的山葉發動機Jubilo橄欖球隊。其實除了職業選手，一到週末，縣內各地都會舉辦體育活動，也有許多穿著運動服的人。每年放晴天數位居全日本前段班的氣候可不只培育出慵懶的氣質，也是體育迷心目中最理想的天氣！

潛規則39

致力於避難訓練……

Shizuoka Rules

「致力於避難訓練的縣民之卷」——以清水區為故事舞台的漫畫《櫻桃小丸子》曾經以此為題材，描繪學校的防震演習。即便已經過數十年，「東海地震將會來襲」的傳言仍於此地流傳，也因為如此，有些人才會有「開學典禮與畢業典禮一定會有避難訓練」的回憶。靜岡的學校擁有全日本第一耐震度的設施（二〇一三年資料），可見靜岡人的危機感十分強烈。

避難訓練的特徵之一就是「每個人都有防災頭巾」。若是上了一定年紀的靜岡人，防災頭巾大部分都是「媽媽親手縫製的」，而將防災頭巾當成學校椅子坐墊或椅背使用，則是這裡的特有現象。有些地區會以安全帽代替防災頭巾，有些人也曾經戴著安全帽上學（現在已越來越少）。

第二個特徵是「嚴禁嬉鬧」。《櫻桃小丸子》曾出現校長拿著碼錶大罵「太慢了」的劇情，但實情真是如此，也因為對避難訓練太過認真，而出現「從二樓利用逃生滑梯滑到地面時跟別人吵架的傢伙」！

許多靜岡人都有過在東京遇到地震時，「躲在桌子底下偷笑」的經驗，但近年來受到東日本大地震的影響，開始實施地震突擊演習，沿岸地區則強化對海嘯的警戒，讓避難訓練變得更為嚴格。幼稚園也定期實施邀請監護人一同參與的緊急疏散模擬訓練。若是初來靜岡的人，請對從小就累積避難經驗的靜岡人致上敬意，同時也向他們討教幾招避難心得。

潛規則40

對雪景有份憧憬&幼稚園的賞雪遠足

Shizuoka Rules

「靜岡應該不會下雪吧」。靜岡屬於東京近郊，二〇一四年二月上旬曾留下積雪高度二十公分的大雪記錄，不過許多靜岡人常在嘴中喃喃念著開頭那句話，直直望著雨天興嘆……。這就是位於中部，以氣候溫暖為賣點的靜岡，而靜岡人對雪景的憧憬也出乎意料地強烈。

對靜岡的小朋友而言，打雪戰是尤其興奮的遊戲！許多幼稚園會在畢業時舉辦賞雪遠足，而地點主要是位於富士山二合目的「Grinpa」（舊稱日本Land），而且光是看到風花（積在山上的雪被風吹的四處飛散，形成雪花漫天飛舞的現象）就會興奮地大叫！若遇到降下薄雪的日子，連老師都會暫停講課，讓學生在校園操場玩稱不上是雪仗的泥巴仗，許多人都有過這類的回憶。或許是因為這些回憶太過難忘，才會有人在長大後，到富士山來一趟「大人的賞雪遠足」。

順帶一提，靜岡也有滑雪場，其中之一就是River well井川滑雪場。這處滑雪場雖然位於南阿爾卑斯山標高一千四百公尺的位置，但地址卻在靜岡市葵區，可見這地的南北距離也很長。另一處則位於伊豆。這聽起來或許有點難以置信，但其實這裡是因為自然現象而在沙灘形成的沙湖滑沙場（下田市田牛）。而藤枝市的大久保也有滑草場。

雖說靜岡人對下雪懷有憧憬，但要是真的下雪，反而會引起恐慌!?因此，每當電視出現雪國場景時，「果然還是住在靜岡比較舒服啊」才是他們真正的心聲。

潛規則41

會為了濱松祭點燃鬥志！

Shizuoka Rules

接近祭典的四月底，鎮上處處會響起小號的練習聲，許多人也變得心神浮燥而無心工作……。濱松，不對，靜岡縣內規模最大的濱松祭舉辦之地，有很多雖身處平和的氛圍，卻熱愛祭典的人。

濱松祭的舉辦期間為五月三～五日，期中可說是不分日夜的喧騰。首先，白天舉辦的是位於中田島砂丘（日本三大砂岳之一。以海龜產卵地聞名）的風箏大賽。活動中除了有以小號聲為訊號，互相切斷對手風箏線的「鬥風箏」之外，也會迎合端午時節，舉辦長男（長子）首次放風箏的活動。到了晚上，豪華絢爛的御殿屋台就會繞街巡迴，而穿著法被（短掛）的成員則會一邊喊著「喔咻、呀咻」的口號，一邊以褶足（腳板貼在地上的走路方式）排成一列跟著走。接著御殿屋台會走進生了第一胎男孩的家中，為主人家祈福，同時也會請大家喝酒，這股熱鬧的氣氛讓整座小鎮興奮得像是鍋爐熱氣般蒸騰！

基於上述理由，與其在一旁欣賞，還不如親身參與！因為這個祭典與特定的廟宇佛寺無關，是「由町民自行舉辦，專屬町民的祭典」。因此，只要購買每個町制定的法被、盾形徽章、燈籠（或是手帕），就算不在自己居住的區域也能自由參加。如此高的自由度也是濱松風格？「高中時候，是從聲望最高的町參加的！（笑）」、「跟朋友討論要加入哪個町後，還一起買了盾形徽章」，有許多人都有過上述回憶（雖曾經禁止高中生參加，不過從平成五年之後就解禁了）。

只不過，有些大人是為了「喝免費的酒」才參加的，但近年來已有超過一百七十處的町參加，所以濱松祭可說是最能展現濱松人行動力的活動。當然，對於調職來此而未能參加祭典的人來說，也是得避免自己捲入街上喧騰與吵雜氣氛的季節就是了……。

除了濱松之外，堪稱最陽剛雄壯的祭典就屬下田太鼓祭。這是歷史長達四百年之久的「下田八幡神社」例行的大祭，年輕的信徒們會將稱為「御道具」的「小神輿」組成拱橋形狀的「太鼓橋」，而當太鼓橋組裝完成，看到這一幕的下田人可是會「感動到不行！」。這也是感受港都特有風采的祭典（下田的「黑船祭」也很有名）。

同樣位於港都，被稱為東海第一狂野的祭典就屬燒津神社大祭荒祭。為了祈求小孩順利長大，數千名穿著白色裝束的男性們一邊喊出「ENETTON」這種特殊口號，一邊扛兩台神輿的模樣，真的是魄力滿分。許多燒津人認為：「一年的間隔在荒祭」。

其他較特別的祭典有日本三大奇祭之一，每三年於十月在島田市舉辦一次的「帶祭（島田大祭）」。而在靜岡市，則有由扮演大名（諸侯）的市民排成大御所花見行列的「靜岡祭」，各地都有自己獨特的祭典。而且正如濱松祭與靜岡祭那完全不同的模式，即便是祭典，各地區的色彩也都不同。

4月接近濱松祭的期間
一聽到小號的練習聲
濱松人
外地人
身體就忍不住舞動的
絕對是濱松人
白天有鬥風箏大賽！
風箏的尺寸非常大
一邊約有三・六公尺
（主流是四帖二・四公尺）
ず
恩
3.6m
有些鎮有自己的標誌
黃昏時
就輪到豪華絢爛的
御殿屋台登場
在濱松的街上巡迴
鏘鏘
鏘鏘
鏘鏘
熱鬧
熱鬧
熱鬧
到了晚上，參與盛會
的鎮民會排成一列，
滑著腳步慢慢往前走
外縣市的人也可以成
為祭典的一員！
這也是濱松特有的開
放條件
咦，不知不覺我也參
加了！

潛規則42

曾帶著踏板梯觀看
街頭藝人世界盃

Shizuoka Rules

輕鬆漫步在街上的隨性感，正是所謂「靜岡風情」嗎？

從一九九二年開始，至今「街頭藝人世界盃」已舉辦二十餘次。當然，雖說是隨性，其實靜岡市內也有三十五處地方舉辦，參賽的藝人也高達九十組以上，有許多是世界一流的藝人們，而前來朝聖的民眾人次更超過一百五十萬人！有不少人擁有小時候「帶著踏板梯」站在人群裡欣賞表演的回憶。而這個活動也取代了過去得以一睹偶像風采的「靜岡嘉年華」（於一九九九年停辦），成為當地固定的「祭典」。

發起這項活動的是當時的靜岡市長天野進吾。他希望打造一個「人潮聚集的市鎮」，而將市制一百周年的收益用在文化振興上，再藉由志工的幫助使得第一屆的活動得以起步。如今光是志工就超過八百名，也設立了培育街頭小丑的市民團體，進一步擴大普及的範圍。高規格的活動，加上市民主導型的特殊營運模式，也形成了所謂「DAIDOGEI[26]之街＝靜岡」的印象，吸引了許多國外的眼光。

許多藝人會說「下次還要來靜岡」的原因，是因為被志工熱情的地主之誼給深深吸引。開頭雖提到「靜岡風情」，但在二〇一三年的官方指南曾有下列的記述：「不嗨、不跳舞、做什麼都先想到放棄的靜岡市民，現正積極地推動企劃喔！」。以「故鄉」為舞台的這項活動，只有深愛「故鄉」的靜岡人才能實現。

潛規則43

母校校名變更後，覺得有點遺憾

Shizuoka Rules

二〇一三年一月二日Outsourcing日本平球場（現稱IAI日本平球場）聚集了一大群高中足球支持者、知名J聯盟球星以及資深退休球員。那一天，舉辦的是潛規則36介紹的清水商業高校（kiyosho）足球部最後一次的開球式。與庵原高中合併後，將改名為清水櫻丘高中，為了紀念kiyosho這個名字而有許多人在地此聚集。現在因整合而改變校名的學校越來越多，例如二〇〇八年下田南與下田北合併為下田高中，二〇一四年春天，大井川高中與吉田高中也合併為清流館高中。這裡也逃避不了少子化的問題，許多人對於過去熟悉的校名懷有淡淡鄉愁。

讓我們換個話題吧。之前介紹過體育強校，接下來就介紹升學名校吧。位於靜岡縣中部的是靜岡高中（靜高）與清水東，西部有濱松北高中（北高、濱北），東部則有沼津東、富士高。其他還可舉出磐田南、掛川西、韮山、藤枝東。

在靜岡縣，公立（縣立）學校比私立有優勢，被問到「哪間學校畢業的？」，通常習慣回答高中的校名（早期是從念私立還縣立來判斷聰明與否）。尤其在濱松，北高畢業的地位遠比從哪間大學畢業來得重要！地位僅次於北高的濱松西在改制為完全中學之後，人氣也跟著扶搖直上，其嚴格的校規也成為最大的特徵；相對的，北高的校風十分自由，採取的是所謂的放任主義。順帶一提，稱霸中部的靜高有「聰明人念的學校」的強烈印象，但其實這裡的學生是文武兼備，尤其全縣參加過最多次甲子園的棒球隊擁有非常強悍的實力，從一九三一年與靜岡商業聯合舉辦的棒球對抗賽也被譽為「靜岡的早慶戰」，至今已擁有超過八十年的歷史。

接著將注意力轉往女子高中。靜岡市內值得一提的高中是以最具氣質及高升學率而獲得好評的靜岡雙葉。還有穿著胭脂色外套，一副惹人憐愛模樣的靜岡英和女學院。位於裾野市的不二聖心女子學院是聖心女子學院的同系列學校，猶如城堡般的校舍散發著鮮明的貴族感。西部則是以黃紋領水手服奪人目光的靜岡西遠女子學園，以及濱松海之星高中營造了千金小姐般的名校印象。藤枝順心雖是女子高中，但在足球這方面有不錯的成績，甚至在二〇一四年日本女子高中足球選拔賽獲得亞軍，也因此登上靜岡新聞的頭條。

主流升學補習班則是以靜岡為主要根據地的秀英補習班、源自濱松的佐鳴補習班以及Kurazemi。上述這些補習班也於愛知設點，與大本營設在名古屋的河合塾展開激烈的競爭。此外，大學則以濱松醫科大學、靜岡大學工學部為傳統理科名校，擁有文化政策與設計等這些具有特色學科的靜岡文化藝術大學也越來越受學生的歡迎。

順帶一提，針對開頭提到的少子化問題，根據縣政府的推測發表，三十年後，全縣三十四市鎮的人口將會減少，唯一會增加人口的區域為長泉町，其充沛的育兒福利也將吸引更多新住民前來。若是打算搬到靜岡，並在靜岡養育小孩，就必須多留意學校、育兒福利以及補習班等資訊！只要跟靜岡的媽媽們多聊聊，應該就能快速上手。

靜岡制服圖鑑
濱松海之星高中
特徵是深藍底紅條紋的襪子
靜岡英和女學院高中
胭脂色的外套特別可愛！
靜岡雙葉高中
知名大學的升學率極高！
靜岡縣西遠女子學園
特徵是領子的黃條紋
連續兩年於日本曼陀林合奏大賽獲得金牌！
不二聖心女子學院
栽培與銷售產量極少的國產茶葉「多田錦」
二〇一五年四月之後的新制服！

潛規則44

沒有一天不在電視上看到「久保HITOMI」!?

Shizuoka Rules

在靜岡生活卻不認識她的人，肯定是偽在地人!?她除了是傍晚在地節目先驅《Marugoto Wide》（靜岡第一電視台）的固定班底，也是因為廣告而家喻戶曉的在地藝人，她就是久保HITOMI。在地人習慣叫她「久保將～」，而她也自稱靜岡的超級明星。

漫才搭檔「DonDokoDon」常被說是「不是Gu桑（山口智充）的那一個」（沒禮貌！）的平畠啟史也與來自御殿場的「Total Tenboss」一起在超人氣節目《Kusadeka》（靜岡電視台）演出。在靜岡朝日電視台《Pierre瀧的沒辦法TV》大展身手的Pierre瀧及深受五十幾歲觀眾喜歡的超人氣偶像「PINK LADY」也都是靜岡市人。歌手的話，久保田利伸的故鄉是蒲原。演員方面則有里見浩太朗（富士宮市）、寬利夫（濱松市）、柴田恭兵（清水區）、保阪尚希（靜岡市）這些名人。女演員方面有長澤雅美（磐田市）、鈴木砂羽（濱松市）、酒井美紀（靜岡市）、秋吉久美子（富士宮市）、美保純（靜岡市），就連最近受頒「紫綬褒勳章」而掀起話題的漫畫家「Shiriagari Kotobuki」也來自靜岡市。

也有不少主播與播報員來自靜岡縣，例如前NHK的山川靜夫（靜岡市）、前富士電視台的八木亞希子（三日町）、前日本電視台的松本志NOBU（濱松市）。這裡還有一大特徵就是有很多美女主播，例如靜岡朝日電視台的牧野結美（曾於明石家秋刀魚的《為愛瘋狂》演出）、靜岡電視台的伊藤弘美（曾於日本大學最美校花選拔賽獲得冠軍）。靜岡有「美女如雲」的稱號……男性諸君們，可得多留神囉！

潛規則45

令人懷念的狐崎Young Land＆小田急御殿場Family Land、PalPal！

Shizuoka Rules

向中、東部三十～四十歲的人詢問小時候的回憶，他們通常會舉出許多懷念的休閒景點。「夏天去狐崎Young Land可以游泳，冬天可以溜冰」、「常去草薙的溜冰場Charlie One」（上述是中部居民的回憶）、「現在已經是Outlet了，不過以前是小田急御殿場Family Land！」（東部居民的回憶）。

近年來，人氣持續上升的是二〇一三年採用「行動展示」且重新改建過的日本平動物園（直接觀察動物行動與生活的方式。以旭川的旭山動物園最為有名）。其他具有代表性的景點有富士Safari Park、馬飼的牧場（經營者為馬飼野先生），伊豆地區則有酪農王國Oratche（丹那牛奶特別香濃美味）、伊豆Shaboten公園、伊豆動物王國。較特別的則有奇石博物館（富士宮市）、展示深海魚的沼津港深海水族館（沼津）以及低於18歲禁止進入的熱海祕寶館（熱海市）。

提到濱松地區的話，在地人會說：「遠足的經典景點就是PalPal（濱名湖）與Flower Park！（濱松）」，不過也會提及三重縣的Nagasima Super Land（Nagasupa）與愛知縣的Laguna蒲郡等外縣市的景點。不過，若說此地才有的遊樂勝地，那當然是湖泊與海洋。熱門釣魚景點伊豆常傳出「沒買過魚」、「鮑魚吃到都膩了」這種令人羨慕的話，但對濱松人來說，在濱名湖釣魚或是挖貝殼算是家常便飯了。

正因為靜岡人從小就與大自然嬉戲相伴，長大後才會成為活力十足的體育選手吧……。

潛規則46

不經意就會哼出Concorde的廣告歌

Shizuoka Rules

♪Concorde Ningen（paya），簡稱Concorgen（payapaya）♪

剛來靜岡的外地人，一定會聽得一頭霧水。住在外縣市的靜岡人常說：「很期待返鄉時，能看到這個廣告的新版本」，但偶爾也人會困擾的說：「只要聽過一次，就在耳邊揮之不去！」。

靜岡眾多的趣味廣告之中，特別出類拔萃而奇妙的就是「Concorde」，從娛樂惑星Concorde、娛樂假面Conkerde登場的舊版本，到由堺雅人主演超人氣連續劇《王牌大律師》的個性派演員古館寬治一出場就大秀舞技的版本，超現實又詩意的廣告歌曲都是最著名的特徵。別看這廣告這麼奇特，它可是在ACC全日本廣告嘉年華與靜岡縣廣告錦標賽得過無數的獎項喔！順帶一提，其公司本身就是在靜岡街上常見的老牌柏青哥。

除此之外，以「我們還有明天」這種帶點惆悵文案營造形象的「學生制服的山田」廣告歌，也是靜岡人必能朗朗上口的經典歌曲。再者，若說到傍晚氣象預報的登場人物，米久的「香腸歐吉桑」比「yan坊、ma～坊」還要主流。以「su、su、sumaru亭！」闖出名氣的「sumaru亭」則擁有「沒有沒去過這間店的人」的高知名度。「中藥的荷居屋」也有相同的情況。即便是對中藥不關心的靜岡人，也不可能沒看過在廣告裡專心製作中藥的大叔！

以豪華製作陣容為特徵的是鰻魚派「春華堂」的主題曲「鰻魚的咒文」，其作詞作曲請來傳說中的小椋佳。順帶一提，小椋佳曾一邊是歌手身份，一邊擔任第一勸業銀行濱松分店經理，也因為這個緣份，才有機會委託他作詞作曲。

此外，伊東「Hatoya旅館」集團的主題曲「來伊東的話，就一定要住Hatoya、Yatoya」則是由野坂昭如作詞、IZUMITAKU作曲（順帶一提，旅館之所以命名為Hatoya，是因為旅館的前老闆擅長變從手裡飛出鴿子的魔術27）。

此外，知名的靜岡民謠「茶切節」則是為了狐崎Young Land製作的日本首次宣傳歌曲。作詞居然是北原白秋。該遊樂園誕生之際，是由負責經營的靜岡電鐵遊園部長極力說服，才請到白秋作詞。

據說「茶切、茶切」的音樂是根據從大正時代開始普及的茶夾聲響想出來的，而之前製茶現場都是工人手摘，到後來才被茶夾所取代。看來茶鄉的氣氛可一窺詩人的感性……能產出這麼多個性鮮明的廣告，也是受到如此淵源流長的歷史影響吧。

總之，在靜岡縣看電視的時候，可別只看節目，還要連同廣告一併收看喔！

靜岡的廣告！
以獨特性取勝的
Concorde
Concorde
Ningen
Paya
很多靜岡人期待
新版本的廣告
Dondon便當
「現在成為話題的快樂
美食便當是？」
「Dondon！」
圓型眼鏡、粉紅頭髮
Dondon
便當
受訪者給人超強的印象
靜岡市的學生制服
老店「山田」
大家一定都曾聽過這
家老店的廣告歌曲！
♬我們還有明天～
嗯，真是青春啊～
雖然不是廣告
但由超豪華陣容：
細野晴臣、Pierre瀧
製作的「小丸的靜岡音頭」
哇沙比～
關東煮～
哇沙比～
關東煮～
深深將靜岡名產烙印在
腦海裡～
這就是靜岡的菁英教育！

潛規則47

說到報紙就想到靜新
說到銀行就想到靜銀

Shizuoka Rules

發行部數約六十七・三萬部，在靜岡市的市佔率超過七成（靜岡新聞官網　日本ABC協會的調查　二〇一二年資料）！在日本縣屬報紙中，以屬一屬二普及率自豪的就是靜岡新聞，俗稱靜新！其內容完全在地化！除了以「東中西」三地區編輯內容，廣告也進一步細分為七個地區。又因靜岡體育如此興盛，足球的報導詳盡、分析銳利，完全不亞於一般的專業體育新聞。而且還會刊載在地球隊與選手的故鄉小趣談，前日本代表川口與現役代表的長谷部也以「清水商高畢業」、「藤枝東高畢業」這種加上括號的強調方式報導。網羅業餘體育大會結果的「市民體育」專欄也相當受歡迎。而有茶鄉封號的靜岡，晚報除了有茶況專欄，也會報導茶葉行情。

接下來雖然與新聞的內容無關，不過，靜岡新聞的東京分公司是由丹下健三設計，其樹枝狀的獨特（？）外觀是最大特徵。接下來雖然還是與新聞的內容無關，不過偏向保守而務實的經營方式，常讓靜岡新聞與靜岡銀行（靜銀）被戲稱為Sibu[28]新與Sibu銀……！（實際上，靜岡銀行有在地銀行之雄的美譽，以其一級國家銀行的可信度自豪）。

西部濱松市則以名古屋的中日新聞勢力最為強大，但市佔率稍微下滑。伊豆地區以靜岡新聞系列的伊豆新聞訂閱率最高，富士市、富士宮市周邊則是岳南朝日、富士News。

若想找個話題與靜岡市人聊天，務必先閱讀滿滿在地資訊的靜新。若身處濱松市，還得要讀中日新聞，不然至少要把中日龍的比賽結果背下來，這樣應該就不用擔心沒有話題了。

潛規則48

有很多有關「家康的傳說」

家康造訪安倍川上流的御用金山時，茶屋主人獻上了現搗的黃豆粉麻糬，當家康問茶屋主人這是什麼時，茶屋主人因為將黃豆粉作的與金粉雷同，就回答：「金粉餅」，一時龍心大悅的家康就將金粉餅起名為「安倍川餅」，這就是當地眾所皆知「安倍川餅」的家康起源說。這裡其實有很多與家康有關的傳說。例如「魚板命名說」(潛規則12)或是「一富士、二鷹、三茄子」這句話。是因為家康喜歡三保折戶產的茄子，也喜歡鷹獵與富士山才流傳下來。遠州方面，則有許多關於家康敗逃之際留下的不堪傳聞，最經典的就是因為三方原之戰，戰敗騎馬逃亡時，在「馬背上脫糞的事件」。這些事蹟與傳聞都可證明在這地度過一半生涯以上(43年！)的家康，有多麼融入靜岡人的生活，但不可不提的是，在鎌倉、戰國時代統治駿府的今川一族。今川一族重視商業，將此地經營為商業都市之餘，也師法京都，為這塊土地奠定文化基礎。有些人認為，今川義元在一般人的心目中或許是名桶狹間之戰的戰敗者，但是家康能一手成就後續的太平盛世，也與在今川手上當人質時所得到的種種教訓有關。

最後，提到家康，就會想到被稱為出世城的濱松城，以及擁有可愛吉祥物「出世大名家康君」的濱松，但在靜岡市民心中，還是存著「明明家康蓋了駿府城，隱居也選在靜岡市」的驕傲！算了算了，為紀念在二〇一五年，家康逝世四百年，大家不妨效法家康提倡的天下太平，把家康當成是全縣的偉人，然後和平相處吧……。

潛規則49

靜岡果然「讚得沒話說？」

Shizuoka Rules

「日常茶飯事」這句話的意思，就是一如往常地享用三餐、喝茶，與家人以及珍愛的人過日子。雖然平凡，但這幾年來，這樣的日子對於日本人來說是多麼珍貴、不可或缺，有著特別深刻的感觸。若從這個觀點來看靜岡，再也沒有別的地方能這樣享受「日常茶飯事」，而這不只是因為靜岡被譽為「茶鄉」的關係。

「駿河有最棒的富士山，而且是三國（日本、中國、天竺）之中唯一的名山，即便看了千遍也不厭倦」。

德川家康曾如此描述靜岡，也是他將靜岡選為退隱之地的理由。自稱「下田是我的故鄉」的作家三島由紀夫（潛規則25）於市谷自衛隊駐紮地自決前的三個月，曾對著在地餐廳的女服務生喃喃自語地說：「我忘不了下田這片海」。（節錄自《三島由紀夫來的夏天》）。其他與靜岡有關的名人包含說過：「湯島是我第二故鄉」的川端康成，或是在大政奉還後移居靜岡，對相機情有獨鍾、過著充實隱居生活的德川慶喜（慶喜大人）。不管是留下難堪趣事的家康，還是身經百戰的武將或性情難以捉摸的文豪，之所以選擇住在靜岡當個平凡人，全都是因為藏在這塊土地「日常」裡的魅力。

若要以一句話形容靜岡，或許就是「恰到好處的溫暖吧」。一如充滿語調呢喃「半疑問形」的方言（潛規則32），這裡絕不會硬把外地人拉進來，也不會強迫外地人接受濃得化不開的鄉土愛，而是保持若即若離，似遠還近的距離感，也是因為如此，慶喜大人才能輕鬆地騎著單車逛街，三島才能不過度受人注目地在這塊土地自在悠哉生活吧。或許是因為靜岡是東來西往的中繼之地，許多人與物都會經過這裡的緣故，也或許是鄰近大都市的都會感與地方都市的悠哉感巧妙融合之故。將視線轉往西部的濱松市，就會看到為濱松祭燃燒鬥志的濱松人、來自其他地區的企業家與外調此地的上班族以及充滿國際色彩的巴西人，這些人都讓濱松擁有非常獨特的風采。

正如開頭家康對富士山的形容，這地有著「百看不厭」的魅力。或許是少了點花俏與刺激，但這正是能經得起長年風雪摧殘的「真正實力」。除了富士山之外，歷史悠久的茶葉、清甜美味的水，以及因名水而生的美酒與甜點，還有從駿河灣或遠州灘捕獲的海鮮都是不需另加修飾的「好東西」，都讓這裡成為一處能享受頂級「日常茶飯事」的土地。

而在地的居民似乎有意無意地摒除來自外部的聲音，珍惜著如此的日常生活。「靜岡很棒吧」，即便不高聲主張這句話，靜岡的好的確是真實、紮實的。住在這地的居民們也是毫不焦慮地呵護著這份對故鄉的愛。

說到靜岡，就是夾在東京、名古屋與關西之間
以及連想到富士山、足球、茶葉吧……
其實靜岡有山有海、有川有湖
也有很多美食！都市機能沒有過多或不足的問題而且有很多靜岡特有的活動東中西各區也各有自己的特色！
而且更重要的是……
放
鬆
溫暖的氣候悠哉的氣氛…雖然不像東京那麼繁華刺激也少了一點但是在這裡能有與老公悠哉度日的生活靜岡真是太棒！
為什麼老公泡的茶都這麼好喝啊～
嗯～？難道是因為從小就開始泡茶的關係嗎？

註釋

1 150號線：150號線的發音與草莓線的發音雷同。

2 大政奉還：一八六七年十一月九日德川第十五代將軍慶喜辭去將軍一職，將政權還給朝廷（天皇）的事件，這同時意味著自鎌倉時代開始的武士時代落幕。

3 YAKISOBA：日文「炒麵」的發音。

4 七BURA：日文裡的bura有閒逛之意，銀BURA指的是在銀座閒逛，七BURA則是在七間町閒逛的意思。

5 大店法：已於二〇〇〇年六月一日廢止，重新修訂為「大店立地法」。其全名為「大規模零售店立地法」，主要是為了保護零售店的生存，以及提昇在地生活健全的法律。

6 半片：魚板的日文原文為「はんぺん」(hanpen)，漢字為半片。

7 sawayaka：日文為清爽之意，在此也可做為爽朗的意思。

8 「創業價格活動」：店家在每當週末以及每個月一號做的特價活動，以創業當時的價格特價回饋給消費者。但此活動已於二〇一五年一月改為「拳頭、飯糰活動」。

9 夜晚的零食：日文原文為「夜のお菓子」。在日文裡，「夜」這個字除了代表夜晚，偶爾也與帶有情色氣息的單字聯用，所以才會讓人有不純潔的聯想。

10 士族授產：明治維新後許多武士的生活變得十分艱困，因此當時日本政府在各府縣設立授產基金，協助武士就業。

11 急須：日本茶壺的一種，握柄較長，有茶蓋的設計。倒出茶水時，須輕輕按住茶蓋。與一般的茶壺最大的差異，在於不可直接放在火上燒。

12 白燒：烘烤時，不淋任何佐料的意思。

13 舊令制國：日本早期的行政地區。

14 大御所政治：退位後的將軍稱為大御所，而大御所仍握有實權的統治方式稱為大御所政治。

15 城下町：圍繞在城池附近的小鎮或村莊。通常是人口較多的地方，也因為與藩主較為接近而繁榮。

16 日本武尊：第十二代天皇曾命日本武尊討伐東方的蠻族，並於出發時，賜予草薙劍作為殺敵之用。

17 秋葉一族：意指喜歡模型或3C產品的人。

18 婿養子：一種招贅的制度，後繼無人的名門會將女婿領養為養子，作為指定的繼承人。

19 短袖、草莓：原文分別為「はんそで」(hansode)與「いちご」(ichigo)。
20 我們這些傢伙、我們：原文分別為「オレたち」(oretachi)與「わたしたち」(watashitachi)。
21 吐舌頭：標準日語為「sitabero」，但是sita與bero指的都是舌頭。
22 要去ra?：原文為「行くら?」(ikura)，與鮭魚卵的「いくら」(ikura)同音。
23 日本桌球選手——福原愛，常在比賽中高喊「sa～」來提升士氣。
24 出世：飛黃騰達之意。
25 靜岡Derby：當「清水S-Pulse」對上「磐田Jubilo」的比賽。
26 DAIDOGEI：日文街頭表演的發音。
27 Hato是日文鴿子的發音。
28 sibu：有枯燥無味的意思。

参考文献

《静岡県謎解き散歩》小和田哲男編著（新人物文庫）
《熱血！　清水みなと》村松友視著（PHP 研究所）
《奇天烈食道楽》村松友視著（河出書房新社）
《伝説のプラモ屋　田宮模型をつくった人々》田宮俊作著（文春文庫）
《エッセー　静岡から考えた日本文化》中村羊一郎著（羽衣出版）
《だもんで静岡おでん》新井由己著（静岡新聞社）
《YAKISOBIBLE　ヤ・キ・ソ・バ・イ・ブ・ル》渡辺英彦著（静新新書）
《これでいいのか静岡県静岡市》松立学・佐藤晴彦編（マイクロマガジン社）
《これでいいのか静岡県浜松市》松立学・鈴木和樹編（マイクロマガジン社）
《三島由紀夫の来た夏》横山郁代著（扶桑社）
《全国制覇12回より大切な清商サッカー部の教え》元川悦子著（ぱる出版）
《しずおかの高校サッカー　戦後の球跡》静岡新聞社編（静岡新聞社）
《静岡県の雑学　「知泉」的しずおか》杉村喜光（「知泉」）著（静新新書）
《しゃべるずら静岡弁》全国方言研究会編（リベラル社）
《現代の県民気質―全国県民意識調査―》NHK 放送文化研究所編（NHK 出版）
《富士山の歴史　美術・文学・信仰・歴史――知られざる富士山の魅力》（晋遊舎ムック）
《静岡　駿府　おまちの本》エイムック（枻出版社）
《静岡人　VOL.02　国宝久能山東照宮》（静岡旅行記者協会）

《意外と!?浜松　HAMA流　第15号》ぱど編（浜松市）
《大道芸ワールドカップ in 静岡2013　公式ガイドブック》（大道芸ワールドカップ実行委員会）
《フリーマガジン　すろーかる》（すろーらいふ）
《ちびまる子ちゃん》さくらももこ著（集英社）
《d design travel SHIZUOKA》（D&DEPARTMENT PROJECT）
《るるぶ　静岡　富士山麓　清水　浜名湖　伊豆'14》（JTB パブリッシング）
ウェブサイト《静岡大好き。しずふぁん!!》SBS プロモーション

*其他參考資料包含靜岡新聞、全國性報紙、縣市各類觀光文宣品、各公司、地方政府的官網。感謝靜岡各方人士的寶貴意見與想法，本書才得以完成。

由衷感謝各界幫忙，僅在此統一致上感謝。

國家圖書館出版品預行編目(CIP)資料

別傻了這才是靜岡：茶鄉・炒麵・表富士・旅館數量
No.1...49 個不為人知的潛規則 / 都會生活研究專案著；
許郁文譯．──初版．──新北市：遠足文化，2016.08──
（浮世繪；18）譯自：静岡ルール
ISBN 978-986-93419-5-0（平裝）

1. 生活問題　2. 生活方式　3. 日本靜岡縣

542.5931　　105012839

浮世絵 18──靜岡

別傻了 這才是靜岡

茶鄉・炒麵・表富士・旅館數量No.1…

49個不為人知的潛規則

作者　都會生活研究專案
譯者　許郁文
總編輯　郭昕詠
責任編輯　王凱林
編輯　賴虹伶、徐昉驊、陳柔君
通路行銷　何冠龍
封面設計　霧室
排版　健呈電腦排版股份有限公司

社長　郭重興
發行人兼
出版總監　曾大福
出版者　遠足文化事業股份有限公司
地址　231 新北市新店區民權路 108-2 號 9 樓
電話　(02)2218-1417
傳真　(02)2218-1142
電郵　service@bookrep.com.tw
郵撥帳號　19504465
客服專線　0800-221-029
部落格　http://777walkers.blogspot.com/
網址　http://www.bookrep.com.tw
法律顧問　華洋法律事務所　蘇文生律師
印製　成陽印刷股份有限公司
電話　(02)2265-1491

初版一刷　西元 2016 年 8 月
Printed in Taiwan